AF290861

Die Deutsche Bibliothek - CIP Einheitsaufnahme
Das 1x1 der Vortragskunst / Peter Kenkel
Cappeln: Verlag Peter Kenkel Medien
ISBN 978-3-944419-05-3

© Verlag Peter Kenkel Medien
Cappeln, Februar 2013
Umschlaggestaltung: Katharina Kuper
Satz: Verlag Peter Kenkel Medien
Druck: Druck & Folie Kuper, Alfhausen
ISBN 978-3-944419-05-3

Mit herzlichem Dank an Hugh-Friedrich Lorenz, durch dessen freundschaftliche Führung der Autor bereits in jungen Jahren in die Tücken der Folterkammern vollbesetzter Vortragssäle und in die Abmagerungsblitzkuren durch Intensivvorträge ohne Manuskript eingeweiht wurde.

Inhaltsverzeichnis

Am Anfang war das Wort

„Sehr verkehrte Damen und ähh ...!"

Schwitz, Räusper, ein Versprecher - und das erst noch am Anfang der Rede! Natürlich geht ein Raunen durch die Zuhörerschar, selbstverständlich feixt dahinten einer unverschämt, und ganz bestimmt lesen die jungen Leute in der zweiten Reihe auf dem Schlachtfeld der Gesichtszüge des Redners unverblümt dessen erste Niederlage ab.

Warum bedeutet die Aufforderung, jetzt und hier oder im günstigsten Falle dann und dort zu diesem oder jenem Anlass das Wort zu ergreifen, meist eine mit Stirnrunzeln und Kratzen hinter dem Ohr quittierte Herausforderung?

Warum heißt eine Rede halten, für so viele Zeitgenossinnen und -genossen nichts anderes, als sich hölzern und adrenalinstoßgeplagt durch den mühsam erarbeiteten Text zu quälen?

Und warum gibt es umgekehrt jene schamlose Spezies von Mitmenschen, die, Fernseh-Show-Mastern gleich, nichts lieber annehmen als die Chance, sich parlierend «in Szene zu setzen», anscheinend ohne Lampenfieber und überfallartig auftauchendes Ideenvakuum?

Und warum schließlich begegnen uns obendrein immer wieder jene unausstehlichen Zeitgenossen, die sich für Showmaster halten, in Wahrheit aber zu den hölzernen Zeitgenossen gehören und durch nichts hervorstechen als durch ihr eisernes Durchhalten auf Kosten einer paralysiert dahindämmernden Zuhörerschar?

Nun, der Mensch ist ein soziales Wesen. Sich in Worten verständigen zu können ist das Fundament des Menschseins. Miteinander reden können befreit, fördert Gemeinsames, lässt die Welt anderer verstehen.

Wer einmal erkannt hat, dass ein sorgfältiger Umgang mit der Sprache direkte Auswirkung auf das eigene Empfinden und die Fähigkeit zum präziseren Denken hat, wird das gesprochene Wort überlegter verwenden. Das gesprochene Wort ist auch wesentlicher Bestandteil unseres kosmischen Seins, es wirkt nicht nur auf den Verstand, sondern auch physisch und feinstofflich, wie die Gedanken zur «Sprachgestaltung» aus der Feder Rudolf Steiners zeigen.

Die Erscheinung der sogenannten Nivellierung unseres allgemeinen Sprachniveaus hat zur Folge, dass Feinheiten des menschlichen Zusammenlebens, die durch einen reichen Wortschatz erhalten werden würden, verlorengehen.

Dies wiederum wirkt sich entscheidend auf unsere Fähigkeit aus, überhaupt noch miteinander über Gefühle und Empfindungen zu sprechen, ohne uns hohler Formeln oder nichtssagender Allgemeinbegriffe bedienen zu müssen.

Eine gewählte, sorgfältig bedachte und durchaus gelegentlich anstrengende Ausdrucksweise ist in einer immer komplizierter werdenden Zeit überlebensnotwendig.

Zwar gilt - wenn es um die Notwendigkeit geht, rasch auf den Punkt zu kommen - nach wie vor, dass in der Kürze die Würze liegt. Aber umgekehrt ist jedem verständlich, dass die immer zahlreicher werdenden Meinungen, Erkenntnisse, Einsichten und Perspektiven unserer materiellen und immateriellen Welt - also ihre vielzitierte sogenannte *Komplexität* - nicht mit einer immer einfacher werdenden Sprache und einem immer kleiner werdenden Wortschatz zu fassen sind. Der Verzicht auf eine komplexe Ausdrucksweise darf deshalb nicht damit begründet werden, komplex sei gleich kompliziert, also umständlich und unschön.

So wie heutzutage kein Handwerker mehr eine Maschine mit einem einfachen Schraubenschlüsselsatz reparieren kann, sondern über eine Reihe ausgeklügelter Spezialwerkzeuge verfügen muss, so erfordert unsere komplizierte Welt auch ein flexibleres Sprachvermögen. Deshalb sollten wir gerade beim jedermann zugänglichen und jederzeit einsatzbereiten «Werkzeug Sprache» uns der Anstrengung einer zunehmenden Verfeinerung unterziehen.

Arthur Schopenhauer, der bissige Sprachkritiker, bemerkte dazu:

"Überhaupt soll man nie und nirgends der Kürze auch nur das kleinste Opfer auf Kosten der Bestimmtheit und Präzision des Ausdrucks bringen: denn die Möglichkeit dieser ist es, welche einer Sprache ihren Wert gibt, indem es nur vermöge ihrer gelingt, jede Nuance, jede Modulation eines Gedankens genau und unzweideutig auszudrücken, ihn also wie im nassen Gewande, nicht wie im Sack erscheinen zu lassen, worin eben die schöne, kraftvolle und prägnante Schreibart besteht, welche den Klassiker macht ... " [1])

Liebe Leserin, lieber Leser: Je zahlreicher das Publikum, desto brisanter die Ausgangslage: Die Einsamkeit des Redners gleicht oft der des Tormanns beim Elfmeter. Denn in aller Regel sind eben alle Ohren und, was häufig Vergessen wird, auch alle Augen auf die oder den Vortragende/n gerichtet. Dies wird den somit hundertfach Geröntgten zweifellos zu einem anderen Verhalten bewegen, als wenn er in einem Chor als eine Stimme unter vielen sänge.

Selbst prominente und kampferprobte Vielredner berichten in stillen Stunden über das noch nach Jahren aufkommende Empfinden, gleichsam nackt vor einer drohenden Wand aus den tausend Augen des Dr. Mabuse zu stehen.

Das berühmte **Lampenfieber**, das seinen Ursprung ja in der Angst davor hat, im grellen Scheinwerferlicht zu stehen, ist vor allem auf das Empfinden zurückzuführen, dieses helle Licht würde alles, aber auch restlos alles durchleuchten und offenlegen, vor allem die eigene Nervosität.

Zumindest im Hinblick auf Äußerlichkeiten trifft dies übrigens tatsächlich zu: Eine sonst unauffällige, kleine Hautunebenheit, ein leicht dunkler, im normalen Tageslicht übersehener Fleck am Anzugrevers oder eine in der Tageshektik vernachlässigte Falte in der Bluse bieten sich einem kritischen Publikum im Saal gleichsam auf dem scheinwerferbestrahlten Tablett zur ruhigen Betrachtung dar.

Gleiches gilt für **die Angst vor Versprechern**: Die Anekdoten über berühmte Versprecher in Theatern und Vortragssälen füllen Bände und spiegeln die im Grunde beruhigende Tatsache wider, dass selbst Profis dieser Gefahr, die Liveauftritte jeder Art immer wieder zu einem Roulette für die Beteiligten werden lässt, nicht immer entgehen. Sie ist die Konsequenz eines Gemisches aus Eitelkeit, Konzentrationszwang, schlechter Tageskondition, Nervosität und widriger Umstände.

Dass vor lauter Aufregung eben die sehr «verkehrten Damen und Herren» begrüßt werden, weil im ersten Satz, auf den sich der Redner bereits voll konzentrierte, das Wort «,verkehrt» vorkam; dass bei einer Grabrede in Anwesenheit vieler älterer Personen als Folge einer sogenannten Freudschen Fehlleistung schon mal die sehr geehrten Anwesenden als "sehr geehrte Verwesende" angesprochen wurden, ist keine Erfindung des Autors.

Handelt es sich beim Thema der Rede um ein sehr emotionsgeladenes oder gar eines, von dessen Aussage der Redner oder die Rednerin ein kritisches Publikum erst mühevoll überzeugen muss, entstehen leicht jene überaus peinlichen Räusper-, Manuskriptgeraschel-, Krawatten-Zurechtrück- und Äähhh-eehhmmm-Pausen, die den vortragenden Star die biblische Einsicht *"...und sie erkannten, dass sie nackt waren"* tief empfinden lassen.

Dem Publikum vorgetragene Wünsche, ausführlich präsentierte Projekte, Erfolge (oder der Versuch zur wortreichen Verschleierung von Misserfolgen) wie auch das Absingen von Lobeshymnen auf noch atmende Personen oder bereits modernde Unternehmen können brillant, spannend, verständlich und einprägsam dargeboten und entsprechend verstanden werden - oder, im anderen Falle, reaktionslos verhallen.

Jeder Bühnenkünstler wird mit bitterem Unterton nach dem dritten Glas gestehen, dass er außer den großen Auditorien kaum eine Situation im Leben kennt, bei der wie in einer Lotterie die Chance für schlechtes Wetter im Publikum ebenso groß ist wie die Aussicht auf Sonnenschein.

Wie im Kürlauf kommt es «in dieser Stunde der Wahrheit» nur auf eine Person an, auf ihre Botschaft und ihre Ausstrahlung, ob die Massenseele kocht oder schlummert: Auf den Vortragenden!

Es gilt allerdings auch hier die Erkenntnis: Erfahrung macht die Meisterin und den Meister!

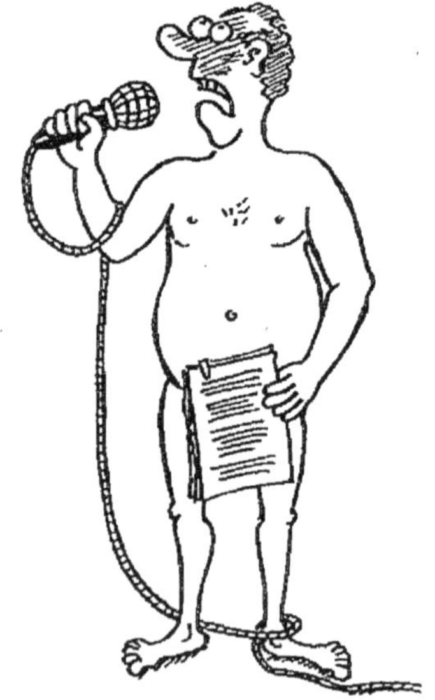

Sie erkannten, dass sie nackt waren

Wer täglich mit Menschen im Berufsleben spricht, sie im Verkauf beeinflusst, informiert und berät, wird sich in aller Regel selbstbewusster, gewandter, flüssiger und mit einem größeren Wortschatz ausdrücken als jene, die im Alltag eher zu den Sprachkonsumenten als den Sprachproduzenten zählen. Auch hier erweist sich, dass es sich bei der Fähigkeit zur Kommunikation um einen Muskel handelt, der, wie jeder andere Muskel auch, seine Kraft verliert, wenn er nicht trainiert wird.

Die Notwendigkeit, vor einem größeren oder gar kritischen Publikum zu sprechen, oft noch in festlicher oder zumindest ungewöhnlicher Atmosphäre, unterwirft weltweit alle Rednerinnen und Redner gnadenlos den gleichen Gesetzen. Dies eröffnet die Chance, Todsünden zu vermeiden und lässlichen Sünden vorzubeugen. Ihnen dabei zu helfen, verehrte Hörerin, verehrter Hörer, ist der Zweck dieser Schrift.

Weil jede Seite die Probleme der anderen kennen und als eine gemeinsame Herausforderung betrachten sollte, habe ich bewusst die Tipps und Ratschläge für Vortragende mit jenen für die Veranstalterinnen und Veranstalter gemischt. Nicht genug also damit zu erfahren, was man(n) oder Frau selbst alles falsch machen kann, nein, es bleibt Ihnen nicht erspart, auch noch die Fallstricke der Aufgaben der anderen Seite zu erfahren.

Aber sehen wir es doch positiv: Im Falle eines gelungenen Auftritts wissen alle Beteiligten den Erfolg noch besser zu schätzen, weil uns eben gerade *bekannt* ist, wie viel Sorgfalt und Mühe ein gelungener Vortrag erfordert.

Und nun: Ab in die Arena…!

Der Aufbau eines Vortrags:
Die 4-w-Formel als Leitplanke

für Vortragende

Natürlich ist die sichere Beherrschung des Themas der erste Garant für ein stolperfreies Marschieren durch den Parcours - jedoch beileibe nicht der wichtigste.

Basis des Erfolgs ist die Abstimmung des Vortrages auf die Zusammensetzung der Zuhörerschaft und deren Erwartungen. Die berühmte armenische Fragenkette, auch kurz 4-w-Formel genannt, fasst die entscheidenden Punkte zusammen:

? **warum:** Ziel des Vortrags

? **was:** Was muss dargelegt, beschrieben, ausgesagt werden, damit dieses Ziel erreicht wird?

? **wie:** In welchem Stil, mit welcher Terminologie, mit welchem Unterton, mit welchen Hilfsmitteln usw.?

? **wann:** An welcher Stelle des Auftritts ist was zu tun, zu sagen, zu fragen, zu präsentieren?

Tipps zum Abklären des «Warum»

Die präzise Beantwortung der Frage, *warum* ein Vortrag gehalten werden soll, ist in der Praxis überraschenderweise gar nicht immer so leicht.

Oftmals überschneiden sich die Interessen von Gastgebern und Referenten: Die einladende Institution - ein Verein, eine Interessengemeinschaft, eine Kommune, ein Fachverband o. ä. – erwartet eine Rede mit einem ganz bestimmten Tenor, weil sie sich bei ihrer Wahl des Referenten von seinen bisherigen Äußerungen und/oder seiner Zugehörigkeit zu bestimmten Organisationen leiten ließ: Schon ist die scheinbare Freiheit der Meinungsäußerung durch unausgesprochene Erwartungen beschnitten!

Spricht ein Referent nicht nur in seinem eigenen Namen, sondern vertritt er eine Institution, Partei, Firma, einen Verband etc., so ist er in einem gewissen Maße deren Vorgaben unterworfen.

Denn es wird ihm jede Aussage als Meinungsäußerung seiner Organisation unterstellt werden. Dieses Risiko verführt besonders Rednerinnen aus der Parteienlandschaft und der Politik zu inneren Verrenkungen, Selbstverleugnungen oder aber - und dies ist eher die Regel - zur Verwendung von Allgemeinplätzen und Unverbindlichkeiten bei Inhalt und Form, getreu dem Motto *«Nur nicht auffallen durch missverständliche Andeutungen oder neue Gedanken!»*.

Die Öffentlichkeit, die sich dieses Dilemmas nicht bewusst ist und auch von niemandem darauf aufmerksam gemacht wird, beurteilt solche Auftritte als langweilige Phrasendrescherei, Blabla, Sprechblasen oder als noch Schlimmeres.

Gerade die vorsichtigen Profis aus der Politik, die im Rahmen ihrer Reden jeweils besonders darauf hinweisen, dass sie mit dieser oder jener Aussage ihre persönliche Meinung und nicht die ihrer Partei kundtun, wissen nämlich um die Vorliebe ihnen nicht wohlgesinnter Hörer oder gar oberflächlich berichtender Journalisten dafür, solche Zusätze wegzulassen - was dann dem verärgerten Referenten am nächsten Morgen das Frühstücksei im Schlund gerinnen lässt.

Eine gelungene Darstellung dieses Dilemmas stammt von Martin Walser in einem Artikel im Spiegel, aus dem hier einige Sätze zitiert seien:

„... Dass die freie Rede schöner wäre als die vorgelesene, ist sicher. Die Zuhörer würden Zeugen des Entstehens der Sätze. Schwieriges schwierig sagende Sätze entstünden dann langsamer, deutlich schwerer schnaufend als ein paar diskurssicher mitschwimmende Redensarten ... Frei zu reden - für den Redenden eine Möglichkeit, zu erfahren, ob er noch identisch sei mit sich. Die freie Rede - eine fabelhafte Hochzeit der Erfahrung mit der Spontaneität ... Wie könnten wir uns erleben, wenn wir alle nur noch frei reden würden! Die Rede trüge uns, wie Luft etwas trägt, das fliegen kann. Und warum brichst du dann nicht endlich aus der Vorlese-Routine? Es gibt immer andere Gründe, nicht frei zu reden. Heute zum Beispiel muss ich mich sorgfältig an das Aufgeschriebene halten, weil ich viel verschweigen muss. In jedem Jahr sind es andere Sätze, die unmöglich sind." [2])

Vereinsvorstände, Verbandsvorsitzende, Aufsichtsratsmitglieder wissen ein Lied davon zu singen, wie eine ungenügende Abklärung der Frage nach dem Zweck eines Vortrags selbst eine in sich schlüssige und feurige Rede daneben liegen lässt.

Wer als Rednerin oder Redner zu einem Vortrag eingeladen wird, soll darum alle nötige Sorgfalt auf die **Abklärung der Frage nach dem Zweck der Veranstaltung** verwenden, in deren Rahmen der Vortrag gehalten werden soll, sowie nach dem vom Veranstalter erwarteten Erfolg der Rede.

Eine Zusage sollte niemals erfolgen, bevor diese Hintergründe abgeklärt wurden! Es ist oft besser, auf eine Teilnahme zu verzichten, wenn die Angelegenheit aufgrund von Interessenkonflikten als heikel erscheint - auch wenn dem Referenten (verständliche) Eitelkeit möglicherweise ins Ohr flüstert, gerade sein Name fehle noch auf der Prestigeliste der Auftraggeber ...

Die folgende **Checkliste** führt die wichtigsten Schritte auf, die Sie im Vorfeld einer Zusage unternehmen sollten:

- Lassen Sie sich die internen Berichte und Zeitungsartikel über andere Veranstaltungen mit ähnlichem Hintergrund senden.

- Fragen Sie Ihren möglichen Gastgeber, was ihm bei ähnlichen Anlässen am Referenten besonders gefallen oder missfallen hat, was dort besonders wichtig war, was am ehesten dem Ziel des Veranstalters entsprach usw.

- Erfragen Sie - offen oder diplomatisch-versteckt - die Wunschvorstellungen Ihres möglichen Gastgebers über die Publikumsresonanz eines nach seiner Meinung gelungenen Vortrags (soll Ihr Vortrag die Diskussion anregen, eine nachdenkliche Stimmung erzeugen, das Publikum beflügeln?).

- Holen Sie, zumindest telefonisch und ohne Nennung des Grundes, Referenzen ein, falls Ihnen die einladende Firma oder der einladende Verein oder Verband unbekannt ist (schon so mancher ließ sich vor den Karren von Einrichtungen spannen, die seinen Namen für ihre Interessen nutzten, was aber seinem Namen bald nicht mehr nutzte, sondern schadete).

- Bei notwendigen Reden vor eigenem Publikum - Verein, Verband, Parteivolk, potentiellen Wählern o. ä. - gilt es, sich über die eigenen Ziele im klaren zu sein bzw. dies im engen Kreis zu werden.

- Schreiben Sie am Ende dieses Denk- und Recherchierprozesses höchstens drei (realistische und erreichbare) Ziele auf einen Zettel. Dieser wird Sie später zum Rednerpult begleiten und Ihr zweites Ich bei der Veranstaltung werden.

- Kontrollieren Sie schließlich die Übereinstimmung zwischen Ihren Zielen und den Erwartungen des Gastgebers bzw. den für das Gelingen der Veranstaltung Mitverantwortlichen - telefonisch oder im besten Falle durch eine kurze Korrespondenz.

Tipps zum Abklären des «Was»

Die präzise Beantwortung der Frage, *was* vorgetragen wird, resultiert zu einem nicht geringen Teil aus der Antwort auf die Frage nach dem *Warum*.

Eine Faustregel gekonnten Vortragens besagt: Wird vor einem Auditorium gesprochen, dem das Thema bekannt und vertraut ist, steht und fällt ein Vortrag mit dem perfekten *Wie*. Wird vor einem Auditorium vorgetragen, dem das Thema unbekannt ist, steht und fällt ein Vortrag mit dem perfekten *Was*.

Sieger nach Punkten sind in jedem Falle die Rednerin oder der Redner, die einem mit der Materie vertrauten Publikum Neues auf eine packende und verständliche Weise vortragen können!

Dies allerdings mit der Einschränkung, dass die Geschichtsbücher voll sind von Beispielen dafür, dass man für «allzu Neues» vor einem kritischen Fachpublikum vorgetragen, auch gehängt, exkommuniziert oder verbannt werden kann...

Tipps zum Abklären des «Wie»

Das *Wie* des Vortragens wird im wesentlichen im Kapitel über Rhetorik- und Körpersprache aufgezeigt. Hinzuzufügen ist eine dort stillschweigend vorausgesetzte, aber wesentliche Kleinigkeit: Abgesehen von Kurzvorträgen der allersachlichsten Art im Rahmen interner Sitzungen ist es ein Gebot der Höflichkeit und auch ein sinnvolles Vorgehen - siehe die Ausführungen über Augenkontakt und Körpersprache -, stehend vorzutragen!

Die Rednerin oder der Redner ist dabei besser hörbar, weil er eine günstigere Position zum Gehörorgan des Lauschenden selbst im letzten Winkel des Saales einnimmt.

Dem Unterbewusstsein wird Genüge getan, denn sich zu erheben bzw. vor jemandem zu stehen statt lässig zu sitzen ist ein Zeichen von Achtung; auch kommt der stehenden Person eine Gewisse Würde zu, die der Gewichtigkeit einer Rede entspricht.

Tipps zum Abklären des «Wann»

Wann? Wieviele Ereignisse im Leben scheitern am falschen Zeitpunkt, zu dem eine Frage gestellt, eine Information vermittelt, ein Geheimnis offenbart, eine Neuigkeit ausgeplaudert, Vorhaben abgebrochen oder begonnen werden!

Auch ein Vortrag oder eine Rede bleibt von der Notwendigkeit einer reiflichen Planung des Zeitpunktes nicht verschont: Wann im Verlauf des Vortrags welche Neuerung präsentiert, welcher Höhepunkt gezaubert, welcher Ehrengast begrüßt wird, hängt weitgehend vom dramaturgischen Geschick, der Phantasie und den rhetorischen Möglichkeiten der Verfasserin oder des Verfassers der Rede ab.

Profis lassen sich von der Erfahrung erfolgreicher Drehbuchautoren inspirieren und von jener guter Showmaster!

Denn deren Erfahrung zeigt, dass sogenannte „plot points", das sind spannende Höhepunkte, die einem Film ebenso wie einem Bühnenstück, aber eben auch einer Rede, eine interessante Wendung bescheren, die einen neuen Gedanken einführen, die Aufmerksamkeits- und Konzentrationskurve steigen lassen beziehungsweise hoch halten.

Solche „plot points" sollte Ihr Text - wie ein gutes Drehbuch - beinhalten. Gesteigert wird ihre Wirkung durch die Werkzeuge, die wir später beim Thema «Rhetorik und Körpersprache» behandeln.

Erfolgsgeheimnisse gefragter Redner

Das erste Drittel des Erfolgsgeheimnisses gefragter Redner: Der Inhalt der Rede

Zum Erfolg einer Rede trägt nach aller Erfahrung der Inhalt nur zu etwa einem Drittel bei, sofern es sich nicht um ein absolutes Spezialthema wie *«Die Phänomenologie des Linksdralls bei rückwärts fliegenden Killerameisen»* oder *«Probleme bei Blinddarmoperationen an isländischen Schäferhunden»* handelt...

In jedem Fall darf von den Zuhörern stillschweigend vorausgesetzt werden, dass die Rednerin oder der Redner von der von ihr oder von ihm behandelten Materie etwas versteht - nicht mehr und keinesfalls weniger ist von den sachlich-fachlichen Aspekten einer Rede zu erwarten.

Dieses **Zuhausesein in der Materie** spiegelt sich in der sinnvollen Gliederung des Vortrags, für die es selbstverständlich keine allgemeingültigen Regeln gibt.

Jedoch ist selbst beim nüchternsten Thema nach der Erstellung des Basistextes noch einmal Hand anzulegen, soll auch der erwähnte Linksdrall rückwärts fliegender Killerameisen das Auditorium fesseln. Angelsächsische Wissenschaftler sind, häufig mit Schockwirkung auf ihre europäischen Fachkollegen, Weltmeister in der einfachen und **rhetorisch lockeren Aufbereitung** selbst der trockensten Materie.

Wieso auch nicht?! Warum sollte gerade der hochdotierte Professor, der anerkannte Preisträger, der erfolgsgewohnte Manager nicht jenen Humor in seinen Vortrag einfließen lassen, für den er im vertrauten Kreis seiner Kollegen nach Feierabend bekannt ist?

Warum sollte die strahlende Jungmanagerin, die hochdekorierte und mit allen akademischen Ehren antretende Chemikerin nicht ihre im kleinen akademischen Zirkel gefürchteten «trocken-würzigen» Zwischenbemerkungen in den Fachvortrag einstreuen?

Ich erinnere mich bei dieser Gelegenheit an einen Vortrag, den ein Berufskollege für den amerikanischen Wissenschaftler Dr. Stacey zum nüchternen Thema «Möglichkeiten der Szenariotechnik in der Marketingplanung» vor einem Publikum aus Finanzfachleuten organisieren durfte.

Der Referent hatte das Publikum, das sich im Vorfeld schon gähnend über die drohende Schlaftablette aus Fachchinesisch und mathematischen Formeln geäußert hatte, sofort aufmerksam und hellwach auf seiner Seite. Er trat an das Rednerpult und begann seinen Vortrag in einem gebrochenen, lustigen Deutschamerikanisch mit folgenden todernst gesprochenen Worten:

"Als ich hierher zu diesem Vortrag flog, kam eine Stunde nach dem Abflug in New York die Lautsprecherdurchsage: "Meine Damen und Herren, hier spricht Ihr Pilot. Leider ist ein Triebwerk ausgefallen. Aber machen Sie sich keine Sorgen, wir haben immer noch zwei funktionierende Triebwerke, so dass wir einfach etwas langsamer werden. Wir kommen also etwa eine Stunde später in Europa an, was wir zu entschuldigen bitten."

Eine halbe Stunde später kam die gleiche Stimme über den Lautsprecher: "Hier spricht Ihr Pilot. Leider ist auch das zweite Triebwerk ausgefallen. Aber machen Sie sich keine Sorgen, wir haben ja noch eins. Aber leider kommen wir jetzt drei Stunden später in Europa an."

Da bemerkte mein Sitznachbar nur trocken: "Wenn jetzt auch noch das dritte Triebwerk ausfällt, sind wir erst morgen früh dort!" Sie sehen, meine Damen und Herren, jeder zieht unterschiedliche Schlussfolgerungen aus dem gleichen Szenario - womit wir mitten im Thema Szenariotechnik für das Marketing wären ..."

Fazit: Gerade der auf dem Papier klar und nüchtern strukturierte Vortrag verträgt ein ruhiges Überarbeiten mit **auflockernden Übergängen, eingestreuten Anekdoten, bekannten und unbekannten Sprichwörtern.**

Die Kunst der «Rhetorik», also die Redekunst (ars rhetorica, vom griechischen Rhetor, «Redner»), wird heute in aller Regel nur mehr im Sinne von «phrasenhaft, schönrednerisch» verstanden. Dabei geht jedoch die umfassende Bedeutung verloren, die eben auch den Inhalt der Rede betrifft, das «was» statt des schauspielerischen «wie».

Übrigens ist es auch keine Schande, sich eine Rede von einem Ghostwriter erstellen oder zumindest - nach eigenen Entwürfen - fertigstellen zu lassen:

Sinnvoll ist dies allerdings nur, solange Sie als Vortragende oder Vortragender die Materie beherrschen und sich nicht mit falschen Federn schmücken. Umgekehrt muss der beauftragte Ghostwriter der Materie so nahestehen, dass er seinen Auftraggeber durch permanentes Rückfragen nicht mehr Zeit kostet, als dieser bei eigenem Schreiben aufgewendet hätte.

Auch ist anzuraten, einen Vortrag mit einer ausgewogenen Zahl von **Zitaten** zu schmücken. Wer fremde Gedanken und Einsichten weitergibt, weist sich als jemand aus, der eben auch fremde Gedanken und Einsichten kennt, also nicht gerade unbelesen und ungebildet ist. (Gottfried Benn vertrat sogar die Auffassung, es sei besser, fremde kluge Gedanken weiterzugeben als eigene dumme.)

Vorsicht geboten ist beim Anführen *fremdsprachiger* Zitate, wenn die entsprechende Fremdsprache nicht zum sicheren Handwerkszeug des Redners gehört.

Besonders Latein und Griechisch erweisen sich hierbei als tückisch, weil anwesende Akademiker aus dem keineswegs ausgestorbenen schöngeistig-philologischen Bereich mit Luchsohren jeder Nuance der Aussprache und vor allem der Grammatik lauschen.

Dies offensichtlich nur, um im Anschluss an den Vortrag sich dem ausgiebig Beklatschten scheinheilig gratulierend zu nähern und dann, just in dem Moment, in dem dieser von einer feminin-strahlenden, brillantendekolletierten Fangemeinde umringt ist, lautstark einen jener gefürchteten Sätze loszulassen, die meist beginnen mit *"Im Großen und Ganzen war Ihr Vortrag hervorragend, aber ..."* - und es folgt eine vor Neid erblassen lassende, lässig ausgehauchte und (angeblich) richtige Version des Cäsar-Zitats, dessen (angebliche) Entstellung durch den Redner den bedauernswerten Cäsar ein weiteres Mal dazu brachte, sich im Grabe umzudrehen.

Ein Tipp für den Fall, dass trotz dieser Gefahr auf den reichen Schatz klassischer Zitate zurückgegriffen werden soll: Zum Handwerkszeug eines jeden Journalisten und Buchautors gehört der **Büchmann**, ein ständig aktualisiertes Nachschlagewerk über den genauen Wortlaut und vor allem den genauen Ursprung von Zitaten. [3])

Besondere Abschnitte sind darin dem Lateinischen und dem Griechischen gewidmet. Dieser Büchmann ist ohnehin eine lohnende Investition in die Allgemeinbildung, weil sich darin, auch bei nur gelegentlichem, ziellosem Blättern, der Ursprung vieler im Alltag gedankenlos übernommener Aussprüche findet - und der ist oft überraschend genug.

So ist *der Büchmann* in seiner Bedeutung für Redner dem Duden gleichzusetzen. Zudem ist er ein sinnvolles Geschenk für Neffen, Nichten und andere notwendigerweise periodisch zu beschenkende Verwandte im Schüler- oder Studentenalter.

Auch ist es im wissenschaftlichen Ehrenkodex ein Gebot des Anstands und der Fairness, mit einem Quellen- oder Literaturverzeichnis am Ende eines Buches auf diejenigen hinzuweisen, deren Vorarbeit die Quelle eigenen Gedankenguts darstellt.

Als Redner können Sie dieser Pflicht mit dem Hinweis nachkommen, Sie seien gerne bereit, am Ende der Veranstaltung (oder später mit der Post) Interessierten eine Liste jener Autoren und der Literatur zukommen zu lassen, die Sie zu Ihren heute vorgetragenen Schlüssen geführt haben.

Obgleich es auf diesem Gebiet hervorragende Arbeiten gibt, die Bibliotheken füllen, auch hier ein kleiner Abstecher zu **einigen Todsünden**, die zu vermeiden selbst geübte Verfasser von Schriftgut jeder Art sich stets aufs neue bemühen müssen, der Autor dieses Textes eingeschlossen:

- Auf die Verwendung des Wortes «**man**» ist möglichst zu verzichten. Sätze sind so zu formulieren, dass Betroffene, Angesprochene, kurz: Ross und Reiter möglichst präzise genannt werden. Auch auf Verallgemeinerungen ist zu verzichten. Bedenken Sie zum Beispiel nur die bei sämtlichen Familienmitgliedern Wutausbrüche hervorrufende Bemerkung der Mutter: *"Den Abfall müsste man wieder einmal hinuntertragen!"* Worauf entweder eine atemberaubend schlüssige Erklärung dafür hinausposaunt wird, warum er oder sie gerade *nicht* «man» ist - oder aber es antwortet schlicht eine Wand des Schweigens - denn wer zum T... ist «man»? «Man» selbst jedenfalls nicht ...!

- Ein ähnliches Schicksal widerfährt dem noch unbestimmteren, dem Zeitgeist und besonders dem Wortschatz junger Menschen zuzuordnenden Ausdruck «**irgendwie**»: Meist ein Gefühl, einen noch nicht mit dem Verstand erfassten, aber erahnten Ablauf oder Zusammenhang ausdrückend, schleicht sich dieser grinsende Unverbindlichkeitsteufel immer häufiger

in die Aussagen selbst der brillantesten Redner - und lebt,
auf diese Weise anscheinend legitimiert, im Wortschatz der
breiten Masse fort. Wenn etwas *irgendwie* gemacht werden
muss, dann kann ich ja ruhigen Gewissens warten, bis *irgend-
wer irgendwann* einmal tatsächlich *irgend jemanden* konkret
mit *irgend etwas* beauftragt - und damit endlich konkret für
etwas verantwortlich macht.

- Auch peinliche, das Bedürfnis nach Superlativen befriedi-
  gende **Steigerungsformen** sollten tunlichst vermieden werden - schlicht und einfach, weil es diese Begriffe nicht gibt.
  Dazu zählen besonders «**am Optimalsten**» oder «**das Maxi-
  malste**», wobei selbst vor der «**alleroptimalsten**» Steigerung
  nicht zurückgeschreckt wird.

- Besonders «in» ist der Ausdruck, «**das Einzigste**» - Hand aufs
  Herz, wem wäre dieser oder jener Ausdruck nicht schon mal
  herausgerutscht?!

- In Zeiten, in denen sich von der Vereinsrede über den politi-
  schen Anlass bis hin zur Hochzeitsgesellschaft alles ums Geld
  dreht, sollten die selbst von Kaufleuten überaus geliebten
  «**Un-kosten**» endlich dem lapidaren, dafür richtigen Ausdruck
  «Kosten» weichen: Ihre Ver-un-ung nimmt sie zwar begrifflich
  aus den Büchern, anfallen aber werden sie trotzdem.

- Oberentsetzlich peinlich ist die topaktuelle Formulierung „in
  Anführungszeichen" (häufig auch noch von hochgehobenen
  Händen mit zappelnden Fingern unterstrichen - für Germa-
  nisten eine Marter und zudem schlicht ... falsch! Das „Lexikon

der europäischen Typographie" definiert „Anführungszeichen"
folgendermaßen: *„Optische Auszeichnung von direkter Rede
und Zitaten sowie zur Hervorhebung von Wortteilen, Wör-
tern oder Satzteilen. Anführungszeichen stehen vor und nach
dem ausgezeichneten Wort oder der ausgezeichneten Textpassage."*. Da der aktuelle, inflationäre Gebrauch von „in
Anführungszeichen" jedoch meist darauf hinweisen will, dass
der folgende Begriff oder die folgende Formulierung ... ja, was
eigentlich? Nicht wörtlich zu nehmen sei? Nicht ... ernst zu
nehmen sei? Nur eine Anspielung darstelle, oder ...

- Genug des Rätselratens: Professionelle Rednerinnen und Redner werden sich stets befleißigen, *präzise* zu sagen, was sie
  meinen – und tunlichst auf typographische und deshalb nur
  les- und nicht hörbare – „in Anführungszeichen!" - Hilfsmittel
  verzichten...

- „...*wiegesagt*..." oh je, was für eine Floskel! Wenn es schon
  gesagt ist, warum muss es dann noch einmal gesagt werden?
  Hier gilt es, wesentlich geschicktere Formulierungen zu finden, um klar zu machen, dass das nun Folgende im Kontext
  des bereits ... Gesagten steht.

- Das Auditorium insgeheim zum Revolver greifen lassen die ach
  so modernen „...ehhhmmm" Pausen zwischen zwei Gedanken!
  Es sollte ein Gesetz erlassen werden, das es der Polizei erlaubt, Rednerin oder Redner nach dem dritten „..ehhhmmm"
  von der Bühne zerren und einkerkern zu dürfen! Diese absolut überflüssige und zudem akustisch unerträgliche Kunstpau-
  se signalisiert nämlich zunächst alles andere als rednerische

Kompetenz und erweckt zudem beim Auditorium den Eindruck, die Rednerin, der Redner sei sich ihrer / seiner Sache nicht sicher.

So lässt sich die Reihe der von einem kritischen Lektor mit Sicherheit korrigierten Formulierungen eines Redeentwurfs lange fortsetzen.

Es ist aber wirklich auch keineswegs einfach, alles und jedes inhaltlich und sprachlich so präzise wie möglich umzuformulieren, nur weil es holprig klingt oder zwar Umgangssprache, aber nicht Schriftsprache ist.

Im Sinne des zu Beginn dieser Schrift postulierten sorgfältigen Umgangs mit der Sprache als dem Träger des geistigen Kulturgutes lohnt sich jedoch der Einsatz, ganz abgesehen von der Vorbildfunktion eines Redners nicht nur für junge Menschen!

Das zweite Drittel des Erfolgsgeheimnisses gefragter Redner: Rhetorik und Körpersprache

Das zweite Drittel des Erfolgs gehört der Kunst der rhetorischen und körpersprachlichen Darbietung.

Obgleich man mit diesen beiden Begriffen - Körpersprache und Rhetorik - in den letzten Jahren viel Unfug trieb und damit überzogene Erwartungen und Reaktionen geweckt wurden, wird ihre Rolle im Konzert der Instrumente gekonnten Vortragens noch häufig unterschätzt.

Dies hat - so mindestens meine Erkenntnis aus vielen vertraulichen Gesprächen vor allem mit Menschen aus der Verkaufslandschaft – zunächst einen überraschenden Grund: Fast jeder Mensch hegt instinktiv eine vorsichtige Abneigung gegen anscheinend unnatürlich-überzogenes Auftreten.

Tief im Unterbewusstsein spüren wir alle, einem unbestechlichen Radargerät gleich, ob besonders extravertiertes Auftreten einer natürlichen Spontaneität und Charaktereigenschaft entspricht oder aber besonders eingeübt wurde (vielleicht sogar vor dem Spiegel).

Und doch sind wir alle von einem guten Schauspieler in einer guten Rolle fasziniert. Auch in diesem Bereich müssen wir also, wie in so vielem anderen, mit der Einsicht leben, dass uns in einem bestimmten Zusammenhang anziehen kann, was uns in einem anderen Umfeld abstößt.

Wirklich gute Rhetorik- und Körpersprachetrainer bemühen sich daher zunächst darum, den dem Auszubildenden angeborenen Habitus und seine ursprüngliche, individuelle, angeborene Art sich auszudrücken zu studieren.

Anstatt dem Lernenden ein völlig neues und ungewohntes Muster aufzudrängen, das dieser oft nur widerwillig und verkrampft annimmt, wird der Trainer im Gegenteil dessen angeborene Eigenheiten und Fähigkeiten vervollkommnen. Dies hilft, die Natürlichkeit des Auftretens zu erhalten und wird vor allem von jenem unbestechlichen Radar auch so wahrgenommen.

Wir reden jetzt also von der Aufgabe, einen Text gekonnt akustisch vorzutragen und ihn zugleich durch das, was die Augen der Zuhörenden erkennen, zu präzisieren, zu vertiefen, zu verdeutlichen - hören Sie auch hier wieder unsere subtile Sprache, denn «deuten» ist ja eindeutig ein körperlicher Akt, die *Be*-deutung also auch hier wieder auf eine Geste, einen nonverbalen Akt bezogen!

Gerade hier wird die Problematik der **4-Dimensionalität der Sprache** deutlich: **Schreiben und Lesen, Sprechen und Hören.**

Über das, was an tatsächlich Gefühltem auf dem Weg vom Schriftstellerherzen über seine Feder und das Papier in die Augen und dann den Mund eines Schauspielers verlorengeht, kann jeder Autor, der seine eigenen Texte von anderen vorgetragen hört, ein Lied singen.

Die Erstfassung Ihres Vortragstextes sollten Sie in zwei Schritten überarbeiten oder von einer Ghostwriterin oder einem Ghostwriter überarbeiten lassen:

Überprüfen Sie, **welche Textpassagen einen Vergleich vertragen oder geradezu nach einem Vergleich schreien.** Dies ist der Fall bei vielen, vor allem fachspezifischen Formulierungen.

Es macht sich nämlich immer gut, nach einer fachlichen Passage gleichsam einen Ausflug in die Welt des Publikums zu machen und zu einem bildhaften Vergleich aus dessen Welt zu greifen: Techniker wissen dies bei Vorträgen zu wirtschaftlichen Themen zu schätzen, Kaufleute umgekehrt bei technischen Details, und Herr und Frau Jedermann beim Vortrag eines Politikers, wenn dieser sich in die Niederungen des konkreten Alltags herablässt, und sei es in die Küche einer braven Bürgersfrau, um an ihrer täglichen Kochkunst die

Schwierigkeit der Wahrung des guten Geschmacks auch in der Politik zu erläutern …

Nach einem Vergleich schreien Textpassagen, die selbst dem Insider unter den Zuhörern Neues nahebringen sollen. Wobei auch hier die Kunst des passenden Vergleichs geübt sein will. So ist dieser zwingend der Welt des Zuhörers zu entlehnen. Soll Kommendes, Neues, Zukünftiges beschrieben werden, drängt sich der Vergleich mit Bekanntem und Vergangenem auf.

Schüsse, die nach hinten losgehen, sind Textpassagen, in denen die Rednerin, der Redner mangels sorgfältiger Recherche Äpfel mit Birnen vergleicht. Besonders Kenner der zum Vergleich beigezogenen Bereiche werden dies wie die zitatgepeinigten Philologen zu ihren Attacken nützen und werden zum selbstbewussten Angriff übergehen mit Sätzen im Stil von *„… aber mit dem Vergleich zwischen … und … sind Sie total daneben gelegen, lieber Doktor Schrumpfelhut, weil nämlich bekanntlich (welch herrliches Wort!) …"* usw. zum selbstbewussten Angriff übergehen.

Gestalten Sie selber Wortbilder oder verwenden Sie bestehende! Eine Rede, die passende und geistreiche Begriffe enthält, sozusagen Vergleiche im kleinen, wird besonders nuancenreich. Bereits der Ausdruck «Be-*griff*» macht den Sinn von Wortbildern deutlich: Sie sollen einen Sachverhalt, einen Gegenstand, eine Person dem Zuhörer gleichsam zum Be-*greifen* deutlich machen!

Beispielhaft wirkt hier die Werbung: Texter brüten oft stundenlang (oder, betrachten wir die Höhe der meisten Rechnungen, anscheinend jahrelang) über einem Begriff.

Die Ergebnisse - *schäfchenweich, Fahrkomfort, 11-Uhr-Loch, Vollkaskostaat* - kommen durch komplizierte und daher eben teure Denkprozesse zustande, z.B. der heiligen Kuh Brainstorming, durch einfachere («was wirkt, klingt, riecht, hustet, strahlt, kostet, läuft, macht ebenso. . wie ..) oder durch einfachste Denkprozesse ("wo, verflixt noch mal, habe ich nur beim letzten Mal das Wörterbuch der Synonyme hingestellt!?"), denn

...das Wörterbuch der Synonyme ist in jeder Buchhandlung erhältlich und leistet selbst erfahrenen Textern immer wieder kreative Hilfe durch eine in aller Regel ergiebige Auflistung von Begriffen, die dem zunächst verwendeten, strapazierten Begriff ähnlich, gleich oder verwandt sind.

Auch gute Computerprogramme beinhalten heute einen solchen «Thesaurus», zum Beispiel jenes, mit dem dieser Text erstellt wurde (Word für Windows, durch Markieren des entsprechenden Wortes und dann durch Drücken der Hochstelltaste und der Taste F7).

Sie brauchen sich von diesen Instrumenten nicht Ihre Freude am Erfinden eigener sprachlicher Kreationen verderben lassen; nehmen Sie doch einfach die Hilfe an, die sie Ihnen bei der Erweiterung Ihres Wortschatzes bieten.

Sie werden dann zum Beispiel Ihren Zuhörern ersparen, sich das Wort «gut» 26 Mal innerhalb einer Stunde anhören zu müssen. (Mal sehen, was der eingebaute Thesaurus dieses Computerprogramms als Synonym für «gut» ausdruckt:

«recht, achtbar, angenehm, ansehnlich, ausgezeichnet, beachtlich, bedeutend, beeindruckend, brav, effektiv, einwandfrei, empfehlenswert, erfreulich, fabelhaft» - und dies nur bei «,gut» in der Bedeutung von «recht» - genannt werden zudem noch fünf andere mögliche Bedeutungen von «gut», nämlich «anständig», ,«nutzbringend», «genießbar», «gut und gerne», «wohl», die ihrerseits mehrere Synonyme haben - ein Beweis dafür, **dass Reden zumindest hinsichtlich der Wortwahl nicht langweilig sein müssen!**

Geschickten RhetorikerInnen gelingt es auch, jederzeit deutlich zu machen, wann wegen eines interessanten, neuen Aspektes **konzen-**

trierte Wachsamkeit angesagt ist und wann Füllstoff geboten wird, der es dem Publikum erlaubt, sich zu entspannen.

Denn geschulte RednerInnen denken bereits bei der Abfassung ihres Manuskripts an die **nachlassende Konzentrationsfähigkeit der Zuhörer**, die periodisch durchgeschüttelt werden müssen. Bewusst setzen sie Zusammenfassungen, Kunstpausen mit deutlichen Zäsuren, Ausrufe, Ankündigungen besonders interessanter Vortragsteile etc. ein, um dem Publikum den Überblick zu erleichtern und es so „bei der Stange zu halten". Letztlich aber ist die **Ausstrahlung des Stars auf der Bühne** der Hauptgarant für ein waches Publikum.

*Schädel eines Top-Referenten
mit Ausstrahlung, Nahaufnahme.*

Das Publikum darf übrigens durchaus manchmal mit einem kleinen **Wink zu Zwischenapplausen ermuntert** werden. Sofern dieser seine Aufgabe nicht allzu offensichtlich erfüllt, verzeiht es Ihnen auch den von Ihnen dazu bestimmten Vorklatscher. (Es bleibt dem Publikum ja auch gar nichts anderes, als zu verzeihen, denn es weiß nichts davon ...)

Ein Wort an dieser Stelle zur **Technik des Sprechens über ein Mikrofon**. Achten Sie beim Mikrofon-Check (siehe unten) auf die Lautstärke Ihrer Stimme, und weichen Sie während des Vortrages nicht mehr grundsätzlich davon ab.

Der Tonmeister hat das Mikrofon auf diese Lautstärke abgestimmt und nicht auf die eines von der Wut gepackten Agitators.

Die Technik der wutentbrannten Sprechprofis

Die Sprechtechnik der Profis lehrt, in jeweils wechselndem Abstand zum Mikrofon zu reden;

mittels Vorbeugen oder Zurücktreten die Intensität und den Ausdruck zu steuern und dabei auf die eigene Stimmlage zu achten und diese jeweils der Dramatik oder dem sonstigen Inhalt der jeweiligen Textpassage anzupassen.

Geübte Redner drehen sich zudem automatisch zur Seite, sollte ihnen ein - durchaus menschliches und im Zustand besonderer Anspannung verständliches - **Husten, Räuspern oder Niesen** entfahren, was durch die Potenzierung der Lautstärke durch das Mikrofon ein leichtes Erdbeben in Oberschnipfelhausen herbeiführen würde.

In aller Regel reicht zwar die Entfernung zwischen Bühne und Auditorium, um die - häufig innerer Erregung zugeschriebene - feuchte Aussprache nicht in einen Platzregen für die Zuhörer ausarten zu lassen.

Welche Wohltat jene Redner, die ihr Mikrophon, dem Fortschritt der Technik respektvoll Tribut zollend, pflegsam behandeln: In die richtige Lage zum Mund wird es nur in ausgeschaltetem Zustand gedreht, weil sich sonst die Geräusche des knirschenden Gestänges bzw. der Halterung selbst bei gut abgeschirmter Membran verstärkt auf die Hörmuscheln übertragen.

Können Sie es sich dank Ihrer Routine oder Ihres Naturtalents und guten Stichwortgedächtnisses leisten, sich beim Vortrag nicht hinter dem Pult versteckt voll auf das Manuskript konzentrieren zu müssen, so erfüllen Sie die Voraussetzung, um **das facettenreiche Instrument der Körpersprache** intensiv einzusetzen.

Zwar belegen Untersuchungen, dass es - mit dem beachtlichen Anteil von ungefähr zwei Dritteln- **das Gesicht** ist, von dem **die meiste Wirkung** auf andere ausgeht und das den überwiegenden Teil der Aufmerksamkeit auf sich zieht.

Halten Sie sich jedoch die beeindruckende Wirkung vor Augen, die von einem stimmungsgeladenen, von Energie und Ausdruckskraft sprühenden Südländer ausgeht, wird Ihnen sofort deutlich, wie «Körperarbeit» einen Vortrag spannend machen, Höhepunkte und Pausen deutlich untermalen kann.

Ausgewogenes Hin- und Herlaufen, in den Knien federn, leichte Drehungen, Armbewegungen, Spreizen der Finger, Vor- oder Zurückbeugen des Oberkörpers, Kopf in den Nacken werfen oder ihn zwischen den Schultern einziehen, Deuten, Locken und was die Klaviatur der Bewegung noch umfassen mag - all dies macht aus jeder Rede einen Auftritt!

Auch der optische Effekt plötzlicher scheinbarer Versteinerung, also eines nahezu unbeweglichen Innehaltens, kann als dramaturgisches Moment an einer bestimmten Stelle des Vortrags von der Dynamik und einem Allegro deutlich zurück zur ruhigen Besonnenheit, zum Adagio führen - Hollywood lässt grüßen ...

Was muss man nun wirklich über Körpersprache wissen um ihren Stellenwert auch im Rahmen von an sich nüchternen Vorträgen und Reden richtig zu gewichten?

Seit einigen Jahren, insbesondere seit dem Erstarken des Wissenschaftszweiges der vergleichenden Verhaltensforschung («Humanethologie»), gilt das Interesse der Forschung vermehrt der Tatsache, dass neben der Sprache vor allem unser Körper in seiner Ganzheit, mit all seinen Ausdrucksmitteln, ganz wesentlich zu einer Verständigung zwischen den Menschen beiträgt.

Vermutlich sind seine direkte Wirkung und sein Einfluss auf die Emotionalität sogar stärker als die der sprachlichen (= verbalen) Kommunikation.

Der Begriff der **nonverbalen Kommunikation** - auf deutsch schlicht Verständigung mit nicht-sprachlichen Mitteln - ermöglicht das Verständnis bisher unerklärlicher Erscheinungen.

Wie Untersuchungen belegen, fließen sowohl Bewegungen unseres Gesichts und Körpers als auch die unserer Stimme (Lautstärke, Stimmlage, Sprachrhythmus) sozusagen ungefiltert in das Unterbewusstsein anderer.

Dies bedeutet, dass ihre Wirkung nur begrenzt steuerbar ist. Die aufsehenerregenden Forschungen mit der versteckten Kamera, die Hans Haß und sein Team in langen Jahren auf einer Reise um die Welt durchführte und in deren Rahmen er Hunderte von Menschen in den unterschiedlichsten Situationen des Alltags in Mimik und Gestik festhielt, zeigten, dass unsere Gesichtszüge und unsere Körperhaltung und -reaktion unser inneres Befinden **nahezu ohne Unterschied zwischen den verschiedenen Kulturen** widerspiegeln!

Die Körpersprache kann daher als **Sprache hinter der Sprache** bezeichnet werden, eine Sprache, die im Grunde nicht lügen kann, weil sie vom Unterbewussten gesteuert wird und nur von trainierten Personen über längere Zeit bis ins Detail kontrolliert werden kann (z. B. von guten Schauspielern).

Abgesehen von einigen regionalen Unterschieden gleichen sich diese Reaktionen weltweit. Verschieden ausgelegt wird z. B. der Abstand zwischen zwei Menschen im Gespräch: In einem Kulturkreis kann Nähe als aggressives Auf-den-Pelz-Rücken verstanden werden, während die gleiche Distanz in anderen Breiten als Zeichen von Vertrautheit und Offenheit gilt.

In unserem Zusammenhang bedeutet dies, dass **die innere Einstellung** zu dem, was man sagt, sich zweifellos auch in Körperhaltung und Bewegung ausdrückt. Das nonverbale Verhalten zeigt zwar nicht in vollem Umfang unser wahres Gesicht, aber es legt fest, was der andere dafür hält.

Die Wirkung, die vom nonverbalen Verhalten einer Person ausgeht, ist dabei in der Regel so mächtig, dass sie das Gegenüber wie mit unsichtbarer Gewalt erfasst: Selbst wider besseres Wissen drängt sich diesem damit fortlaufend ein ganz bestimmter Eindruck von den Stimmungen und Absichten des andern auf.

Hier liegt eine wichtige Ursache dafür, dass wir zum Beispiel instinktiv Verkäufern misstrauen, die ihre Argumente wie am Schnürchen hersagen können, also konzentriertes Interesse vortäuschen, innerlich aber gelangweilt oder gar aggressiv eingestellt sind: Körperhaltung, Hände und vor allem Gesichtszüge und Augen verraten die Heuchelei: Der Körper folgt – außer bei hochtrainierten Personen aus dem Showbusiness oder der Politik - nicht den Halbwahrheiten des gesprochenen Worts!

Wie groß auch immer der Abstand zwischen dem Redner und dem Publikum sein mag, in jedem Fall gilt der Imperativ, mit jedem Besucher im Saal mindestens einmal während des Vortrags direkten **Blickkontakt** zu haben!

Ist der Saal so groß und/oder Ihre Augen so schwach, dass dies aus räumlichen Gründen schlicht nicht möglich ist, achtet jeder Redeprofi darauf, sich deutlich *mit dem gesamten Körper* abwechselnd in jede Ecke des Saales zu wenden, dort für einige Sätze mit Blick in wechselnder Höhe zu verweilen und dann - langsam, aber deutlich, durch eine erneute Drehung anzuzeigen, nun werde eine andere Person, zum Beispiel ganz hinten in der letzten Reihe und auf der entgegengesetzten Seite, angesprochen.

Denn offener Augenkontakt im richtigen Moment, gepaart mit einem Lächeln und einer einladenden Bewegung, kann in Sekundenbruchteilen dem Unterbewusstsein ein „*Ja, du interessierst mich!"* entlocken, während ein ungewolltes Abwenden, ein gesenkter Blick oder leichtes Zurückweichen des Körpers dem anderen ein *"Vorsicht!"* oder *",Besser nicht!"* zuzurufen scheinen.

Der gekonnte Balanceakt zwischen bewusstem Vermeiden grober

Fehler in der Körpersprache - erreichbar durch Training und Konzentration - und gelöstem, aber gezieltem Einsatz der Körpersprache im richtigen Augenblick ist eines der Erfolgsgeheimnisse guten und vertrauenerweckenden Vortragens.

Die Beachtung der Körpersprache sollte andrerseits aber nicht in ein ständiges gedankliches In-den-Spiegel-Schauen ausarten. Bedenkt man aber die Wucht der von Körper und Gesicht direkt in das Unterbewusstsein des Gegenübers ausgesandten Nachrichten, so wird man nicht daran zweifeln, dass die Körpersprache als verstärkendes Hilfsmittel oder aber als Hemmschuh zum Erfolg einer Rede beitragen oder diesen verhindern kann!

Weiterhin beinhaltet der Begriff «Rhetorik» auch die **Kunst der passenden Aussprache und Betonung.**

Gewisse einfache Grundregeln können Sie lernen, indem Sie sich bei jeder sich bietenden Gelegenheit den Reden anderer zuzuhören. Achten Sie dabei darauf, mit welchen Mitteln diese Redner das Publikum fesseln und Applaus ernten. Notieren Sie Ihre Beobachtungen - Sie werden sich so im Verlauf der Jahre eine ansehnliche Sammlung von praxiserprobten Ideen zulegen.

Nehmen Sie eine Ihrer eigenen Reden auf Band auf und hören Sie sie ab - der Schreck wird Ihnen in die Glieder fahren: *"Das soll ich sein ..?! Prost Mahlzeit!"*

Dieses Schreckmoment wird Sie mit Gewissheit dazu bringen, an Ihrer Stimme und Ihrem Ausdruck zu arbeiten. (So ergeht es jedem Redner, selbst den Profis, trösten Sie sich - es soll nicht bedeuten, dass Sie *nicht gut* sind, aber dass Sie tief drinnen spüren: Ich kann und ich will *noch besser* werden!!)

Das letzte Drittel des Erfolgsgeheimnisses gefragter Redner:
Die modernen Helfer

Der dritte Trumpf im Ärmel der Redeprofis ist eine gekonnte **Redeinszenierung**, unter der in diesem Zusammenhang **die gezielte Nutzung von Hilfsmitteln** rund um das gesprochene Wort zu verstehen ist.

Konnte früher das Publikum mit einer Schiefertafel oder im besten Falle mit einem in die Höhe gehaltenen Foto beeindruckt werden, so müssen Vortragende in unseren medienverwöhnten Tagen zu suggestiveren Mitteln greifen: Dias, Hellraumfolien, Flipchart und Pinnwand, dann aber auch eingespielte Videosequenzen, computererstellte und per Spezialgerät projizierte Computeranimation.

Körpersprache, Rhetorik und Einsatz moderner Hilfsmittel in ihrer „optimalsten" Form...

In aller Regel sind diese Geräte einfach zu bedienen, lösen aber besonders vor Zuhörern, die ansonsten bei Vorträgen nicht besonders verwöhnt werden, einen enormen Aha-Effekt aus.

So sichert der Vorstand des Geflügelzüchtervereins Oberschnipfelhausen e. V. mit Sicherheit seine Wiederwahl, wenn er sich bei der alles entscheidenden Vereinsversammlung mindestens vor einem **Flipchart** postiert, auf den er mit gekonntem Schwung und dreifarbigen Filzschreibern aufzeichnet, wie er in seiner erneuten Amtsperiode dem Verein den nächstjährigen Preis der Geflügelausstellung durch die Kreuzung des blau-rot-gefiederten, erdlöchergrabenden afghanischen Zirphuhns mit der flugtüchtigen einheimischen Graugans zu sichern gedenkt.

Projiziert er noch **Videoausschnitte** mit von ihm um Mitternacht mit Infrarotlicht gefilmten Szenen aus dem Paarungsakt der grünäugigen sibirischen Langschwanzhenne mit Bauer Müllers Gockel auf die Leinwand im Nebenzimmer des ehrwürdigen «Ochsen» und hält er dabei die Zügel der Versammlung vor einer **Pinnwand** moderat und fest in der Hand, ist sein Aufstieg zum stellvertretenden Bürgermeister gesichert!

Meist sträflich vernachlässigt wird die Notwendigkeit, **jedem gesprochenen Wort eine Langzeitwirkung zu verschaffen**: Die bekannte Faustregel des Vergessens fordert geradezu gebieterisch, wesentliche und markante Teile des Vortrags, projizierte Grafiken, Tabellen etc. dem Publikum in gedruckter Form zur Erinnerung mit nach Hause zu geben.

Am sinnvollsten und ansprechendsten (wenn auch bei einer großen Zuhörerzahl am teuersten) ist eine kleine MeMoMappe.[4]

Sie ist in unzähligen unterschiedlichen Varianten in jedem Schreibwarengeschäft erhältlich. Für sie gilt das klassische Zitat (siehe Büchmann: „aha, aus dem berühmten Faust!"): *„Denn was man* *schwarz auf weiß besitzt, kann man getrost nach Hause tragen ...!"*

Eine solche Mappe kann dem Redner auch dazu dienen - unter Beachtung der Gratwanderung zwischen Selbstbeweihräucherung und zum Handwerk gehörendem Klappern -, etwas über sich selbst zu berichten. Die oben erwähnten Literatur- und Quellenhinweise finden darin ebenso Platz wie eine Visitenkarte oder ein Blatt mit der Anschrift des Redners.

Unterstützt eine in diesen Dingen geschickte und geschmacksichere Ehefrau, Partnerin oder Sekretärin die Herstellung dieser Mappe durch einen besonderen Gag, der aus einer simplen Mappe ein kleines Kunstwerk macht, ist der Effekt vollkommen!

Aber wehe, diese Mappen oder gar der Text des Referats werden vor dem Auftritt verteilt! Sollte man den Referenten nämlich dazu überredet haben, das Redemanuskript im voraus abzugeben, und tut er dies ohne den ausdrücklichen Zusatz, dieses erst nach seinem Vortrag dem Publikum zugänglich zu machen, läuft der verdutzte Star auf dem Podium in der großen Stunde Gefahr, menschliche Ignoranz in ihrer höchsten Potenz kennenzulernen, wenn hundertzweiunddreißig Intellektuelle gleichzeitig beginnen, die Übereinstimmung seines mündlichen Vortrags mit dem Manuskript zu überprüfen, also schlicht mit- und voraus zu lesen, was ihnen akustisch synchron geboten wird.

Diese Nachlässigkeit ist ein vorgezogener Selbstmord eines Referenten und nimmt zudem dem Auditorium die Illusion, das vorne so lebendig Vorgetragene sei außer einigen Stichworten frei gestaltet. So mancher brillante Redner wird dadurch als kommagenauer Ableser entlarvt.

Der Profi beraubt seine Zuhörer der Chance zu dieser Unhöflichkeit und stellt sicher, dass sein Manuskript *vor* dem Vortrag höchstens einer Person zugänglich ist:

Raschel & Co. lassen grüßen.

Live-Reportage: Der vorgezogene
Selbstmord eines Referenten

Strategie und Taktik
der überlegten Vorbereitung:
Die 4-w-Formel der Einladenden

Was im ersten Kapitel über die Entscheidungskriterien der Rednerin oder des Redners für oder gegen die Annahme einer Einladung geschrieben steht, gilt – diesmal aus der anderen Perspektive – selbstverständlich auch für die Veranstalter.

Da werden im Vorfeld der Veranstaltung, oft lange im voraus, nach dem Motto ‚"wer zuerst kommt, mahlt zuerst", Ansprüche auf eine Gastrednerschaft für diesen oder für jene angemeldet, die von dieser oder von jenem schon lange empfohlen wurden oder - noch drohender! – denen "man doch schon lange eine Einladung versprochen" habe (welcher ‚«man» dies allerdings genau wann warum tat, ist jetzt nicht mehr so wichtig) …

Der auf den Veranstalter zugeschnittene Fragenkatalog gemäß der 4-w-Formel erfährt beim vierten W eine entscheidende Änderung: Hier lautet die entscheidende Frage: wer? (anstatt: wann?).

So ergibt sich für den Veranstalter ein schlüssiges Strategie-und-Taktik-Modell: Die Beantwortung des *Warum* und des *Wer* legt die Strategie fest, die Beantwortung des *Was* und des *Wie* die Taktik.

Die Fragen

warum (warum wollen wir an diesem Abend einen Gastredner einladen bzw. warum soll bei diesem Anlass überhaupt eine Rede gehalten werden?)

und

wer (welche Persönlichkeit erfüllt unsere durch das «warum - darum» festgelegten Kriterien - na: am optimalsten? oder optimal? oder wie ...) stellen entscheidend die Weichen der großen Linie, also der Strategie.

Die Motive für diese beiden Entscheidungen sollten fairerweise dem Referenten langfristig mitgeteilt werden (kennt er dieses Buch, wird er die Frage nach dem Warum ohnehin von sich aus stellen ...).

Die Fragen

was (was soll im wesentlichen mit der Rede dargelegt, angesprochen, stimuliert werden, wofür soll sie sensibilisieren - worauf soll die Rede aufmerksam machen?)

und

wie (wie präsentieren wir den Redner bzw. die Bedeutung seiner Rede: Zentral bedeutsam, routinemäßig, als mit besonderem Hintergrund ausgewählt, als prominente Attraktion oder schmückendes Beiwerk usw.)?

Das sind Fragen der Taktik, die jedoch genau so viel Aufmerksamkeit verdienen wie die ersten beiden, geht es hier doch um eine wichtige menschliche Eigenschaft, die uns alle prägt: Eitelkeit!

Ob wir es uns (und andern) eingestehen oder nicht, wir alle sind von der Anerkennung und der uns wichtigen hohen Einschätzung durch andere abhängig.

Notwendig ist die also Einsicht, dass auch wir modernen Menschen entgegen der häufig geäußerten Darstellung, wir seien von ausgesprochener Rationalität geprägt, zum überwiegenden Teil von unseren Emotionen gesteuert werden. Hierzu zählen Empfindungen wie Stolz (und hier vor allem *verletzter* Stolz!), Suche nach Anerkennung, das Verlangen nach Zugehörigkeit, häufig auch das Drängen nach Überlegenheit, Neugier, Sensationslust usw.

Eine offene Klärung der eben genannten Fragen innerhalb der einladenden Organisation und später mit dem Referenten helfen Ihnen, nicht in diese (emotionsgeladenen) Fettnäpfchen zu treten oder mindestens sich dieser Gefahren bewusst zu werden.

Besonderen Sprengstoff bietet diese Tatsache, wenn es sich beim Referenten um eine der Hörerschaft vertraute Persönlichkeit handelt und andrerseits bei der Hörerschaft um eine Runde, der der Referent selbst im engen oder im weiteren Sinne angehört - z. B. als Verbandsmitglied, als Vorstand, als Lieferant, als Berater o. ä.

In einem solchen Fall kommen besondere Herausforderungen auf denjenigen zu, den man mit der Organisation des Anlasses im allgemeinen und der Begrüßung des Referenten im besonderen betraut hat: Ein zynischer Erbfeind des Referenten dort, eine überzeugte Anhängerin hier, eine *"Was, quatscht der XY auch schon wieder!?"* Stimme hier, eine *"Toll, dass die XY diesmal wieder spricht!"* Meinung dort!

Dass es hierzu keinerlei allgemeinverbindliche Ratschläge zu erteilen gibt und sich diese ohnehin nur aus den jeweiligen konkreten Gegebenheiten ableiten lassen, soll es mit diesem Hinweis auf eine umsichtige Behandlung des Themas in diesem Rahmen sein Bewenden haben.

Einfacher, aber deshalb nicht weniger planungsbedürftig, wird die Herausforderung, einfacher wird die Entscheidung für die RednerInnen- und Themenwahl bei der Beiziehung eines sogenannten *Gastreferenten*, also einer dem Verein, dem Verband, der Firma, der Hochzeitsgesellschaft etc. nicht direkt oder indirekt angehörenden Persönlichkeit.

Besonders bei Institutionen, deren Mitglieder einander vertraut sind (Vereine, Firmen, Verbände), bringt ein allen Gästen unbekannter Redner frischen Wind in jede Veranstaltung. Denn nichts Schlimmeres, als wenn beim Lesen der Einladung der Schreckensruf ertönt: *"O weh, schon wieder der langweilige Dr. Schnudelhupf mit seinen*

Beispielen aus der Tierwelt!" oder: *"Haben die auch in diesem Jahr keine andere gefunden als die Schwelg-Koloschnowski mit ihrer Krähenstimme?"*

Außer bei ausgesprochenen Fachreferaten ist die Auswahl möglicher Redner fast unbegrenzt. Die Phantasie der Veranstalter soll deshalb ruhig einmal in andere Gefilde schweifen. Die Ausführungen eines unbekannten Redners, der nicht mit der in jedem Unternehmen herrschenden Betriebsblindheit geschlagen ist und deshalb Altbekanntes aus einer ganz neuen Perspektive angehen kann, haben durchaus ihren Reiz ...

Abzuklären ist im Vorfeld einer Veranstaltung (im besten Falle bereits Monate im voraus), welches **Budget** zur Verfügung steht und welcher Betrag dabei für das Honorar und die Spesen für den Redner verbleibt.

Gehen Sie davon aus, dass gefragte Rednerinnen und Redner ihren Preis haben, sofern sie nicht bei diesem Anlass eine Institution vertreten und von dieser bezahlt werden.

Bei freien Referenten, z.B. Unternehmensberatern, hochspezialisierten Technikern, Prominenten u. ä. sind Honorare vom 1000er aufwärts zuzüglich aller Spesen nicht übertrieben (die Latte liegt bei € 15´000,- für eine Stunde Referat eines Prominenten entsprechend hoch).

Trotzdem bestätigen sie nicht immer die Regel «was nichts kostet, taugt nichts ...!». Es ist nicht für jede Veranstaltung wichtig, einen akademischen Titel oder einen Redner mit Image zu «kaufen».

Immer sollte die **Rangliste der Ziele** den Ausschlag geben: Oft bringt eine „graue Maus» unter den GastrednerInnen mehr Stimme und Kolorit in eine Veranstaltung als ein seinen Vortrag zum 72. Mal gelangweilt herunterleiernder Professor.

Abzuklären ist auch, welcher Redner *Wunschredner* ist und ob sogar der Termin der Veranstaltung vielleicht dem Terminkalender eines Wunschredners angepasst werden soll. Denn Top-Referenten sind in aller Regel auch gut ausgebucht. Andrerseits sollte nicht immer nach den Prominentesten gefragt werden, sondern durchaus auch Geheimtipps eine Chance gegeben werden.

Achten Sie auch darauf, wer seit Jahren auf der Wunschliste steht, die aus den eigenen Reihen stammt. So können Sie vermeiden, dass ein Redner, der im Grunde interessiert und bereit wäre, eine Absage erhalten muss, weil interner Druck dies fordert.

Trommeln gehört zum Handwerk:
Die Sorge um Rednerprominenz,
Texte und Fotos

für Einladende

Hier also ein Wort an alle Veranstalter, die sich dazu entschlossen haben, ihren Anlass mit einem Gast auf dem Podium zu krönen: Vermeiden Sie es, die Zahl Ihrer Todfeinde um einen brillanten und erfahrenen Redner zu erhöhen, dem ein exzellenter Auftritt in Ihrer Arena durch widrige Umstände versau(er)t wurde - denn Künstler sind nachtragend!

Gute Redner sind auch immer gute Schauspieler, im besten Sinne des Wortes. Als solche sind sie sensibel und empfänglich für Nuancen, anfällig für Stimmungen im Saal und vor allem detailbesessen, wenn es um die Bedingungen für ihren Auftritt geht.

Ist es Ihnen gelungen, einen bekannten und erwartungsvoll angekündigten Redner für Ihre Veranstaltung zu gewinnen, so ermöglichen Sie ihm bitte einen tadellosen Auftritt und - was häufig unterschätzt wird! - einen gut inszenierten Abgang.

Ein solcher Auftritt beginnt lange vor der eigentlichen Veranstaltung, wie diese Checkliste des Gastgebers zeigt. Sie enthält vier Schwerpunkte:

- Die passende Ankündigung des Gastes in der Einladung
- Die passende Ankündigung des Gastes in der Regional- und Fachpresse
- Die Organisation einer professionellen Verewigung des Anlasses, hier speziell des Auftritts des Redners
- Die Organisation der Betreuung der Rednerin oder des Redners vor, während und nach deren Aufenthalt.

Die Art und Intensität der Erwähnung des Ehrengastes in der Einladung signalisiert sein (symbolisches) Gewicht und das Gewicht seiner Rede.

Lassen Sie ihn den Text der Ankündigung des Vortrages vor dem Versand der Einladung Korrektur lesen, um Ihnen und ihm die Peinlichkeit einer Berichtigung des angekündigten Themas zu ersparen, was sich für die Organisatoren des Abends wenig schmeichelhaft anhören würde.

Verwunderlich ist, dass ein preisgünstiges und in aller Regel auch leicht zugängliches Werkzeug der Öffentlichkeitsarbeit (auf neuhochdeutsch schlüssig PR genannt), nämlich die **Kontakte zur Regional- und Fachpresse**, häufig sträflich vernachlässigt wird.

Auch wenn Minimalisten mit dem Kauf eines der vielen Taschenbücher über selbstgestrickte PR vorliebnehmen, empfiehlt sich wegen der professionellen Abwicklung die Beiziehung entsprechender Presseagenturen. Sie ist in aller Regel kostengünstiger als befürchtet - zumal aufgrund des Konkurrenzdrucks schon mal besonders verhandelt werden kann.

Sofern die gastgebende Institution in der Region auch nur einigermaßen Bedeutung genießt - ob als Arbeitgeber, als Interessenverband, als Partei oder als Verein -, sind die regionalen Zeitungen in der Regel gerne bereit, den Anlass anzukünden und, je nach Attraktivität der Rede, auch einen Journalisten zu entsenden, der sich selbst vor Ort ein Bild über den Auftritt macht und darüber berichtet.

Der Abdruck eines Artikels in der Regionalpresse ist um so wahrscheinlicher, je besser die Qualität der gelieferten Fotos und je größer die Auswahl ist. In Großstädten mit überlasteten Redaktionen wird vielleicht um die Zusendung der gedruckten Rede gebeten, wenn sich kein Journalist persönlich einfinden kann.

In jedem Falle sollte vorher langfristig auch die Fachpresse kontaktiert werden. Sofern sich eine gemeinsame Leserzielgruppe für Gastgeber und Gastredner findet, sind Anlässe, bei denen interessante Reden mit einem gewissen Novitätscharakter gehalten werden, oft auch für diese Redaktionen interessant. Dies insbesondere, wenn der Gastgeber oder/und Gastredner in der Branche keine Unbekannten sind.

Ein Tonmitschnitt der Rede ist dann angebracht, wenn ein Redner ohne minuziös vorgeschriebenes Manuskript auftritt, sich also (wie z. B. der Autor dieses Büchleins) wesentlichen Freiraum für eine individuelle Gestaltung der Formulierungen oder für plötzliche Exkursionen in Nebenbereiche aufgrund einer positiven Reaktion des Publikums vorbehält.

Ein akustischer Mitschnitt erspart auch das Mitschreiben während des Auftritts und erlaubt damit ungetrübten Genuss der oben erwähnten Körpersprache. Jedoch Achtung: Aus Gründen des Copyrights ist ein solcher Mitschnitt genau mit der Referentin oder dem Referenten abzusprechen und durch eine schriftliche Genehmigung zu unterstreichen, die die Verwendung des Mitschnitts genau regelt.

Ergreifen Sie wenn immer möglich die Chance zum Videomitschnitt, denn: Je prominenter der Gast, je zündender seine Rede, je positiv-heftiger die Publikumsreaktion, um so mehr bietet sich an, Ausschnitte des Auftritts in andere Produktionen, z. B. einen Werbefilm für die Firma oder eine Dokumentation eines Vereins zum 100jährigen Bestehen etc., zu übernehmen.

Versäumt man es, eine Rede aufzunehmen, geht sie unwiederbringlich verloren und mit ihr auch die Chance zur Steigerung des Prestiges des Veranstalters.

Bei der Betreuung der Gastreferenten direkt im Vorfeld der Veranstaltung ist vor allem auf folgende Punkte Wert zu legen:

- Es muss vom Augenblick des ersten Kontakts an sichergestellt sein, dass der Gast es nur mit einem bzw. höchstens mit zwei

Ansprechpartnern zu tun hat. Übernehmen zwei BetreuerInnen die Aufgabe, soll ihre Arbeitsteilung für den Redner klar ersichtlich sein. Deshalb übernimmt der/die erste BetreuerIn die Organisation im Vorfeld - d. h. bis hin zum Moment des Erscheinens des Gastes im Saal -, die folgenden Aufgaben werden dann vom zweiten Betreuer, der zweiten Betreuerin ausgeführt.

- Alle wesentlichen Abmachungen sollten schriftlich erfolgen. So ist zwingend erforderlich, dass dem Veranstalter in Schriftform die Liste der vom Referenten geforderten Hilfsmittel wie Flipchart, Saaltechnik etc. vorliegt. Dies erspart Aufregung oder gar böses Blut.

- Die Abmachung über die Anreise des Referenten soll eindeutig abgefasst sein. So ist, sofern dieser mit dem Wagen anreist, ein Anfahrtsplan beizufügen sowie die Telefonnummer eines Ansprechpartners, der den Gast im Pannenfalle mit dem Wagen abholen kann. Dies erfordert dann auch eine vereinbarte Ankunftszeit, die eine ausreichende Pufferzeit für den Fall der Fälle beinhaltet.

- Das Tüpfelchen auf dem i ist ein konspirativer Kontakt mit der Sekretärin des Gastes rechtzeitig vor dem Anlass. Von ihr sind z. B. bei Rednerinnen die Lieblingsblumen für den Dankeschön-Strauß, bei Rednern die bevorzugte Wein- oder Zigarrenmarke oder ähnliches zu erfahren - und auch besondere Empfindlichkeiten ihrer Majestät, z. B. bei der Vorstellung zu nennende Ehren, Titel, Mitgliedschaften etc., über die dieser selbst nicht sprechen würde usw.

Ein weiterer heikler Punkt, über den Redner weltweit Bände schreiben könnten, ist die Frage der Betreuung am Veranstaltungsort. Hier reicht die Bandbreite der Aufmerksamkeit, die einem oftmals von weit her angereisten und von Bahn, Flugzeug oder Autobahnfahrt entnervten Wortkünstler entgegenschlägt, von schlichter Missachtung bis zu königlichem Empfang.

Versetzt sich der Gastgeber in dessen Lage, versteht er sofort, was gemeint ist: Da steht der trotz aller Professionalität durchaus mit menschlichen Schwächen belastete Star einsam am Bahnsteig einer fremden Stadt, denkt an den auf dem Bettkasten zu Hause vor sich hinschillernden zweiten Manschettenknopf und fragt sich fieberhaft, wie er Ersatz herbeischaffen könnte!

Da vermag ihm die freundliche Sekretärin oder der hilfsbereite Prokurist des einladenden Unternehmens in den Sekunden einer freudigen Begrüßung Heimatgefühle bescheren und ihm über kleine Pannen mit einer unkonventionellen Blitzlösung, z. B. durch einen Umweg über den eigenen Kleiderschrank, hinweghelfen.

Wer sich fühlen darf wie ein vielgeliebter König, wird sich auch gelassen, sicher und souverän wie ein solcher benehmen. Daher erhalten Kleinigkeiten «königliches» Gewicht:

- Mit Ausnahme der Trinkgelder dürfen vom Vortragenden keine übermäßigen Barauslagen verlangt werden, er soll also nicht für den Veranstalter Bank spielen und Geld vorschießen müssen. Es muss deshalb dafür gesorgt sein, dass das Hotelzimmer korrekt und auf Rechnung des Veranstalters gebucht wurde und die Referentenverpflegung auf diese Rechnung geschrieben wird. Dies ist in Zeiten der Kreditkarten natürlich in erster Linie eine Stilfrage, aber für den Eindruck, den der Referent von der gastgebenden Institution gewinnt, keine unwesentliche.

- Sollte Ihr Gast bereits am Vortag anreisen, so hinterlegen Sie eine private Telefonnummer einer Führungskraft Ihres Unternehmens. Dies ermöglicht ihm, auch noch in letzter Minute Detailfragen zur Abrundung seines Vortrags, zur Organisation o. ä. zu stellen.

- Ein telefonischer Gute-Nacht-Gruß und eine Willkommensnotiz am Frühstückstisch, und Sie haben einen Freund oder eine Freundin gewonnen!

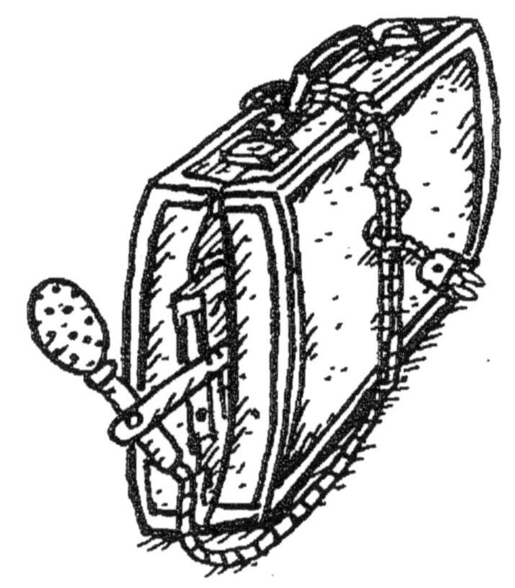

Der Staatsschatz des kleinen Königs,
Bahnsteig Oberschnipfelhausen-Ost,
23 Uhr 11

Eine fallenfreie Arena

für Einladende

Wie erwähnt: Brillante Rednerinnen und Redner sind erfolgsgewohnte Schauspieler. Und wie solche können sie sich gekonnt nur in einem Umfeld aus funktionierenden Requisiten bewegen. In diesem Kapitel wird deshalb vor den häufigsten Tücken gewarnt, die jeden Redner, Marienerscheinungen gleich, ohne Vorwarnung treffen können.

Mit Millionenaufwand erstellte Stadthallen, ausgestattet mit den letzten technischen Tricks für Auge und Ohr, bescheren dem auf Pult und Manuskript angewiesenen klassischen Referenten die immer wiederkehrende Chance, sich als unfreiwilliger Komiker zu versuchen.

Hier eine kleine Liste der Hinterhältigkeiten, vor denen der Gastgeber den Referenten bewahren kann und auf die er bereits bei der Wahl des Veranstaltungsorts achten soll:

- Wiederholungstäter sind die Stehpulte, die unverständlicherweise noch häufig eine Platte mit einer nicht verstellbaren, aber tückischen Schrägneigung ohne oder nur mit millimeterdünner Fangleiste aufweisen, so dass Manuskripte, Brillen oder Schreibzeug unweigerlich an der spannendsten Stelle des Vortrags zu Boden gehen. Dies sehr zur Belustigung des stets schadenfrohen Publikums, das sich an den unfreiwilligen Turnübungen und Suchspielen einer im Grunde doch bewunderten Persönlichkeit durchaus erfreut, da es ja nicht zuletzt die menschliche Schwäche der Schadenfreude ist, die uns alle gleichmacht.

- Hoch lebe auch die Manuskript- und Saalbeleuchtung, die, zumindest in älteren Sälen, eher zum Schmusen als zum korrekten Ablesen mühsam erarbeiteten Geistesgutes einlädt und zu lästigen Stockungen im Redefluss führt, weil der Vortragende die Lichtquelle neu platzieren muss!

- Ein Bravo dem Mikrofon, das - nach dem Test durch den verantwortungsbewussten Redner - vom Hausmeister ohne bösen Willen, aber souverän in den Urzustand zurückversetzt worden ist. Es kommt dann zu jenem trommelfellzerreißenden Todespfeifen, über das wir uns schon beim letzten Vortrag geärgert haben. Wahrscheinlich haben böse Geister hämisch zynische Bemerkungen im Saal anwesender Rednerprofis über den Unterschied zwischen Amateuren und Profis provozieren wollen.

- Trotz Mondlandung und rezyklierbarem Kaugummi auf Erdbeerbasis scheint die Herstellung unkomplizierter und stets (außer auf dem Gang zur Toilette) funktionierender Knopflochmikrofone wohl wegen der Naturgesetze noch in weiter Ferne zu stehen.

- Die Krönung professioneller Auftrittsplanung ist natürlich das stets bereite Ersatzmikrofon neben dem Rednerpult, das der entnervte Wortkünstler der Nibelungentreue des in der Wichtigkeit inzwischen deutlich hervorgehobenen Leo verdankt, der unter Einsatz seiner Brotzeit und einem Hinwegsehen über die deutliche Unbeholfenheit und Abhängigkeit der Intellektuellen von der internationalen Arbeiterschaft eben etwas mehr tat als nur seine Pflicht - voilà, un homme!

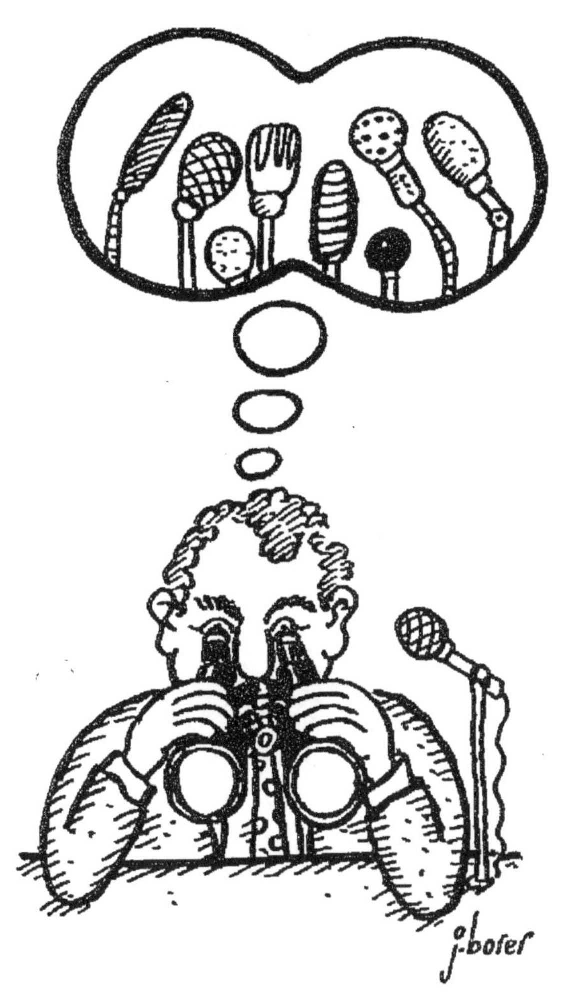

Problemlose Ton-Köpfe sind
noch in weiter Ferne

Gäste ante portas:
Der Countdown läuft

für Einladende

Tücken ohne Ende lauern in der Arena selbst dem Profi auf. Diese beginnen bereits vor dem Gang zur Bühne. Ist die Stunde des Ereignisses angebrochen und sind die Saaltüren geöffnet, sollten die Rednerin, der Redner - unabhängig davon, ob sie oder er den Gästen schon bekannt sind oder nicht - bereits seine Rolle als Referent spielen und als dieser auch erkennbar sein.

Wichtigen Persönlichkeiten, die sie oder er kennenlernen sollte, wird sie oder er vom Gastgeber bereits vor dem Vortrag kurz persönlich vorgestellt. Dies schafft Augenkontakt mit oft erbarmungslosen Kritikern und wertet zugleich sowohl den prominenten Besucher des Vortrags als auch die Referentin oder den Referenten auf.

Augenkontakt bei der Begrüßung

Handelt es sich um eine/n fremde/n Gastredner/in, so bleibt sie oder er während der Zeit des Einlasses neben dem Eingang und dem Gastgeber postiert. Das Namensschild weist sie oder ihn als den angekündigten Star aus.

Natürlich ist die Herstellung dieses Schildchens Aufgabe des Veranstalters. Achten Sie dabei auf neutrale und zurückhaltende Gestaltung und denken Sie daran, dass es auf keinen Fall Ihr Firmen- oder Verbandsemblem tragen darf!

Dieses persönliche Auftreten der gespannt erwarteten Hauptperson in der Nähe des Eingangs hat als zunächst unwesentlich erscheinendes Detail verblüffenderweise enorme psychologische Wirkung, weil der im Programm so hoch Angepriesene als freundlicher, begreifbarer (!) Mensch aus Fleisch und Blut gesehen wird.

Allzulange Diskussionen mit dem Referenten werden Sie als Gastgeber hier taktvoll unterbinden, sonst fällt Ihr Gast in dieser Situation unweigerlich in den blutrünstig weit aufgesperrten Rachen einer Freifrau von Schmetzkolinsky-Ebenfels, die den hochdotierten Herrn Professor schon lange etwas fragen wollte, war doch ihr Onkel Oberst bei derselben Einheit, bei der auch er, der hochgeehrte Herr Professor diente, wie sie in seiner Biographie gelesen habe, und, ach ja, auch noch... usw....

Mit einem Lächeln retten Sie Ihren Star freundlich, aber bestimmt hinüber ins eigentliche Geschehen. Nützlich sind vorherige kurze Absprachen darüber, wem er vorgestellt werden soll, damit Sie die Begrüßung mit etwas Information würzen können. Aber jetzt - auf in den Kampf!

Richtig anfangen (1):
Der Anfang vor dem Anfang

für Einladende

Nun, endlich ist es soweit. Die Tagesordnung ist fortgeschritten, und der Auftritt des Ehrengastes steht bevor. Darum will ich es an dieser Stelle nicht versäumen, Ihnen einen heißen Tipp für sichere Spannungskiller zu geben:

Stellen Sie sich bitte folgendes vor: Am Anfang eines Theaterstücks erscheint der Direktor auf der Bühne, erzählt ausführlich die wesentlichen Teile der Handlung und verrät schließlich strahlend die Pointe.

Wie sich später herausstellen wird, sind ihm dabei einige Fehler unterlaufen. Es ist klar: Die dann folgende Aufführung wird von Anfang an von Gähnen und gelangweilter Verwunderung geprägt sein.

Ähnlich ist es bei Reden, die von einem gutwilligen, aber übereifrigen Veranstalter dem neugierigen Publikum in einer zehnminütigen Laudatio angekündigt werden, die so gut wie alles vorwegnimmt, was der Redner selbst angeblich erzählen wollte!

Die wechselnden Bleichtöne auf dem Antlitz des so Gepriesenen mögen sein inneres Zornesrot übertünchen. Glücklich ist bei einem solchen Einstieg weder das Publikum noch der Redner, allenfalls der den Lapsus produzierende Moderator (und das sind, nach der Lektüre dieses Büchleins, gewiss nicht Sie).

Vermeiden Sie als ModeratorIn also diesen Referenten-Elektroschock und beachten Sie die vier Stufen über die Sie die Redner zum Himmelstor führen:

1. Wiederholen Sie nicht, was bereits in der Einladung steht.

Die vier Stufen zum Himmelstor für den Referenten:
Auf los geht's los...!

2. Bitten Sie den Gast, bereits während dieser Vorstellung neben Ihnen zu stehen - er wird sich jeweils leicht verneigen, wenn Sie seinen Namen oder einen seiner 637 722 Erfolge nennen.

3. Verwenden Sie auf den Vortrag neugierig machende Formulierungen, und flechten Sie Buchveröffentlichungen oder andere Referenzen des Gastes ein. Am sichersten fahren Sie, wenn Sie sich vorher mit der Rednerin oder dem Redner absprechen; sie oder er wird dann selbst beisteuern, wie sie die Ouvertüre gestaltet sein sollte.

4. Vergessen Sie nicht, bereits jetzt anzukündigen, wie die anschließende Diskussion (bzw. je nach Publikum und Bereitschaft des Referenten: Fragestunde) organisiert wird. Sie vermeiden damit Zwischenrufe und animieren besonders Interessierte.

Schließlich ist es soweit, und der Gastgeber dankt dem Publikum dafür, dass es den Redner mit donnerndem Applaus empfangen wird (denn Beifall ist das Brot des Künstlers; Ihr Künstler hat an diesem Abend aber noch nicht gegessen).

für Vortragende

Die folgenden Episoden und Tipps - aus der Praxis, für die Praxis - empfehle ich meinen Leserinnen und Lesern, denen die Ehre des podiumsmäßigen Erhöhtseins zu Vortragszwecken beschert wird, als Navigationshilfe:

- Da ist die vom Bühnenmeister geschickt getarnte Stolperfalle unvermeidlicher Kabel oder Kabelkästen oder Stativbeine oder Ähnlichem. Schon so mancher ehrwürdige Doktor der Rechte, der eben noch gelassen, aber federnd in Richtung Pult schritt, lag plötzlich linksseitig am Boden und provozierte damit die mehr oder weniger verhaltenen Reaktionen des Auditoriums. Also Vorsicht, langsamer Schritt, und Publikum und Boden im Auge behalten!

- Ein Wort zur Kleidung: Außer bei Ansprachen an Beerdigungen sollten Sie zu dunkle Bühnenkleidung vermeiden. Ist die Tenüwahl Ihnen überlassen, so richten Sie Ihre Entscheidung für den entsprechenden Farbton am besten nach der jeweiligen Saalbeleuchtung: Vorträge in taghellen Räumen vertragen dunklere Stoffe; auf ausschließlich kunstlichtbeleuchteten Bühnen sollten Sie in hellerem Outfit auftreten.

- In jedem Falle gilt: Ziehen Sie das an, worin Sie sich am wohlsten fühlen, und das ist nicht immer der allerneueste Anzug! Glauben Sie einem «alten Hasen»: Besonders unter Stress reagieren wir alle emotionaler als sonst. Gewohnte Attribute und Accessoires verleihen uns dabei jene Sicherheit des Strohhalms, an den wir uns besonders dann klammern können, wenn wir sonst durch kleinere oder größere Missgeschicke «unterzugehen» drohen.

- Der gewohnte Kugelschreiber oder Füller gehört ebenso dazu wie eben das vertraute Kleidungsstück - zum Beispiel ein Hemd, in dem Sie schon andere Siege errangen, verleiht eine geradezu magische Sicherheit, dass Sie auch diesmal ohne Fauxpas über die Runden kommen. Oder wenigstens ... solche gelassener ertragen.

- Als Herr wählen Sie bevorzugt einen Anzug oder einen Sakko mit Innentaschen, die genügend Platz bieten für...
  - den Zweitkugelschreiber für den Notfall,
  - einige Visitenkarten, die Sie mit Sicherheit im Anschluss an Ihren Vortrag gebrauchen werden,

- zwei Taschentücher (eines für die schweißbedeckte Stirn und eines für die Nase),
- ein Mundspray, sofern Sie es vertragen, oder sonst Pfefferminzbonbons (Nach einer Rede werden Sie nach aller Erfahrung von einigen Persönlichkeiten umringt, behandschüttelt, besprochen und bedankt. Aber es entweichen auch dem prominenten Munde nicht immer nur kluge Aussprüche, sondern, vielleicht bedingt durch die besondere Aktivität des Organismus im Zustand der Anspannung oder einfach wegen des würziger Abendessens, auch Ungeistiges. Sie verstehen...?)
- Die Taschentücher gehören in das Sakko, denn nichts ist hässlicher als ausgebeulte Hosentaschen. Daher achtet der geübte Schauspieler-Showmaster-Profiredner auch darauf,
- den Geldbeutel vor dem Gang zur Bühne entweder an einem sicheren Platz in einer Aktenmappe zu verstauen oder ihn jemandem anzuvertrauen: Besonders die schwergewichtigen, münzenbestückten Exemplare dieser Spezies ziehen uns Männern manchmal beinahe die Hose über den (meist rechten) Hinterbacken, und das sieht nun mal nicht gerade ästhetisch aus.

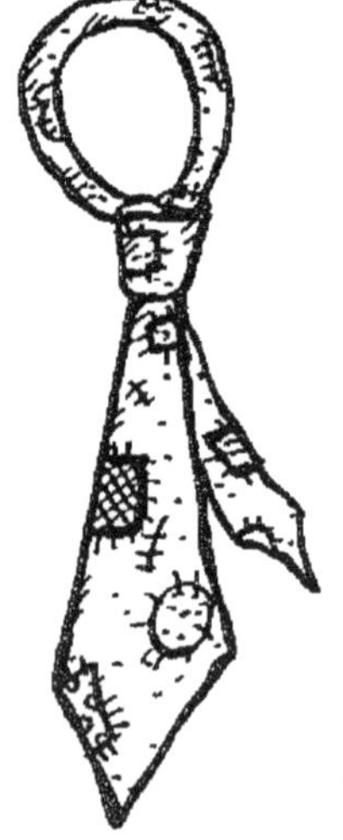

Ein Wort zur Kleidung

für Einladende

Dass Sie als Gastgeber oder in Ihrem Auftrag ein Mitglied des Servierpersonals bereits vor dem Erscheinen des Stars auf der Bühne ein Glas Mineralwasser gefüllt und diskret auf dem Rednerpult plaziert haben, wird vom Publikum als eine Geste der Gastfreundschaft registriert.

Auch wenn der eine oder andere nun glauben mag, diese Kleinigkeit sei beckmesserisch: Bitte Mineralwasser *ohne* Kohlensäure! Peinlich, peinlich nämlich, wenn undefinierbare Gluckslaute und ein deutlich erkennbares Halszucken des Stars Unpässliches ahnen lassen.

Nicht auszudenken, wenn die Lobrede zum 200jährigen Bestehen von Schmitzke & Co., Hersteller von Beileidskarten und Trauerflors, zu Lachsalven im Stile eines Harald Juhnke-Auftritts verkommt!

*Glucksende Beileidskarten,
mikrofonverstärkt…"*

Wir verweilen noch in der oft nur Sekunden dauernden Spanne zwischen der Ankündigung des Referenten durch den Gastgeber und dessen erstem Wort ans Publikum. Hier liegen noch einige Fallen für

Peinlichkeiten oder Störmomente:

- Im Moment der Namensnennung des Redners wird der Saal verdunkelt und gleichzeitig Scheinwerfer auf Redner und Moderator gegeben – ein nicht unwesentliches Detail, das vorsichtshalber vorher mit dem Lichttechniker abgesprochen werden sollte. Bei Spezialisten der Lichttechnik ist dieses Fingerspitzengefühl für Showeffekte ohnehin in aller Regel gut ausgeprägt. Diese Insider fragen auch häufig von sich aus.
- nach einem geschriebenen Ablaufplan (Script, Storyboard), dem sie die Höhepunkte und Abläufe detailliert entnehmen und entsprechend berücksichtigen können.
- Zu Beginn der Rede des Stars muss der Saal jedoch wieder hell werden, dass sonst spätestens nach 15 Minuten selbst eines spannenden Vortrags im Saal ein Massenschnarchen einsetzt ...

Massenschnarchen

Für Vortragende

In jedem Falle gilt für Sie als Rednerin oder Redner: Lassen Sie den erfahrenen Tonmeister im Saal den optimalen Klang finden, und bitten Sie ihn dann, die entsprechende Einstellung an seinen Geräten zu notieren. Also: testen, testen, testen.

Natürlich klingt Ihre Stimme später, bei (hoffentlich) vollbesetztem Saal, wieder anders, so dass nachgeregelt werden muss. Grundsätzlich jedoch muss in aller Regel nur die Lautstärke angepasst und wegen der geringeren Resonanz des nun nicht mehr leeren Saales etwas mehr Bass gegeben werden.

An dieser Stelle sei auch auf die Wichtigkeit eines guten Drahtes zu den (meist) guten Geistern hinter der Bühne, im Technikraum und vor allem in der Küche hingewiesen, der darüber entscheidet, ob sich diese als todesmutige Mitverschworene oder Saboteure verhalten.

Ehrliche Anerkennung und direkter, weder überheblicher noch anbiedernder Kontakt schaffen Aufmerksamkeit und Sympathie, die der einsame Cowboy auf der Bühne in der Stunde der Wahrheit bitter nötig hat!

Vergessen Sie daher niemals, mit den letzten Sätzen Ihrer Rede gerade diesen meist unsichtbaren Mitreferenten von der Bühne aus zu danken!

Denn kommen Sie später jemals wieder in die Stadthalle von Oberschnipfelhausen, wird Sie Leo, der Elektriker und ungekrönte Tonregisseur-Kaiser, wie einen alten Bekannten und ihm einigermaßen ebenbürtigen (wenngleich dubios-umnachteten, da freiwillig Reden haltenden) Mitmenschen empfangen!

Ein freundliches Wort zu der Saalbedienung, und diese wird es unterlassen, genau synchron zu Ihrem Vortrag Gläser und Flaschen zum Klingen zu bringen, Stühle zu rücken, Getränkerechnungen zu kassieren.

Sie wird das leicht verstimmte Tuscheln über die Störung ihrer Arbeit durch eine Rede unterlassen oder aber bewusst dämpfen.

Hoffentlich gelingt es Ihnen, den Veranstalter davon zu überzeugen, dass er - sofern Ihre Rede im Ablauf einen gewissen Höhepunkt darstellt - eine Viertelstunde vorher die Gäste bittet, ihre Bestellungen aufzugeben. Ihnen und dem Publikum bleibt dann das Wunschkonzert in Glasmoll für Stühle und Tische von Ludwig von Flaschenhoven erspart.

Wunschkonzert in Glasmoll von Ludwig von Flaschenhoven, live

Richtig anfangen (2):
Der rednerische Blitzsieg

für Vortragende

Eine unumstößliche Erkenntnis der besten Rhetoriker lautet: Die ersten 30 Sekunden entscheiden über Sein oder Nichtsein!

Ein Vortragstext mag über Wochen oder Monate ausgebrütet worden sein - wenn Sie der Einleitung und vor allem der Begrüßung nicht dieselbe Aufmerksamkeit widmen, verliert Ihr Text nachweislich an Gewicht!

Profis ersparen wenn irgend möglich ihren Zuhörern das obligatorische Herzlich-willkommen-heißen, denn sie wissen, dass es an diesem Abend etwa das siebzehnte Mal wäre (vor allem natürlich, wenn der Abend bereits halb gelaufen ist).

Sie tun es sich und den anderen auch nicht an, die so sehr geehrten Damen und Herren in der finstere Mächte ankündigenden Sprechweise eines Aktenzeichen-XY-Moderators von der Ernsthaftigkeit ihrer Ausführungen zu überzeugen.

Profis ergreifen in den ersten 30 Sekunden die einmalige Chance, ihrem Vortrag durch Kreativität und Phantasie ihren Stempel aufzudrücken!

Sie tun dies sprachlich, indem sie den Vortrag mit einem Aphorismus, einem Sprichwort oder gar einem Witz (aber welch ein Glatteis ist das!) beginnen lassen. Sie wissen, dass unmittelbar danach deutlich der Bezug zum folgenden Thema erkennbar sein muss. Gelassener Humor ist angesagt, Zynismus oder Ironie sind tödlich.

Und sie tun dies körpersprachlich und in der Sprechweise, indem sie bereits in dieser halben Minute alle Register der Darstellung ziehen, deren sie sich später, während des Vortrags, abwechselnd und mit unterschiedlicher Gewichtung bedienen werden.

Die Krönung des Auftritts:
Ein gekonnter Abgang

für Vortragende

Sie sind endlich beim letzten Absatz Ihres Manuskripts angekommen, Ihre Stimme eilt dem Abschluss zu wie ein junges Pferd, das den heimischen Stall riecht. Dem Publikum entgeht dies nicht. Beachten Sie deshalb gerade jetzt die Erkenntnis von Starverkäufern über die Zeit nach dem erfolgten Verkauf: Der gelungene Abgang ist der halbe Nachverkauf!

Verwenden Sie daher für die Vorbereitung der letzten drei Sätze mindestens die Hälfte der Zeit, die Sie für die Formulierung der Einleitung brauchten.

Haben Sie das Glück, einen aufgeweckten und zuverlässigen Moderator zur Seite stehen zu haben, so erinnert er sich in diesem Moment an das vereinbarte Stichwort für die Endphase Ihres Vortrags und erhebt sich bereits unauffällig in Richtung Bühne, um keine Unterbrechung zwischen Ihrer Danksagung an die unsichtbaren Mitreferenten und an das Publikum, dem (hoffentlich brausenden) Applaus und dem darauf folgenden «Was-jetzt-wohl-kommen-mag-Schweigen» entstehen zu lassen.

Dieses peinliche Schweigen entsteht mit Sicherheit, wenn es dem Moderator nicht gelingt, gekonnt zum nächsten Punkt der Tagesordnung überzuleiten.

Und jetzt geht es Schlag auf Schlag:
- Sie treten vom Pult zurück, um vom Auditorium in voller Länge gesehen zu werden.
- Sie begeben sich zum Rand des Podiums, auf den vereinbarungsgemäß jetzt das Scheinwerferlicht fällt (oder auch nicht,

je nach Ihrer Vorarbeit mit Leo, dem Elektriker, siehe dort ...).

* Und Sie verneigen sich vor dem Publikum: Eine symbolische
  Geste, die andeutet, dass der Referent sich auf die gleiche Stu-
  fe mit seinen Hörern stellt- altmodisch? Nein, liebe Leserinnen
  und Leser, stilvoll, höflich und international verstanden- das
  ist Körpersprache!

*Bitte keine Münzen,
nur Banknoten werfen...!*

Das Sammeln der letzten Punkte

für Einladende

Halt, hiergeblieben, die Sache ist noch nicht ausgestanden! Es lauern noch ein paar Risiken, die aber den Erfolg nicht mehr grundsätzlich in Frage stellen können. Immerhin besteht noch die Gefahr, dass Sie Punkte verschenken, die eigentlich leicht mitzunehmen wären.

Da ist zunächst **die stilvolle Verabschiedung** des Referenten. Wie im Kapitel über den Umgang mit der Rednerprominenz aufgeführt, liegt jetzt für den weiblichen Star der Strauß mit den Lieblingsblumen bereit (die jeweilige Sekretärin oder Kollegin gab vorher vertraulich die Auskunft, um welche es sich handeln sollte), und für den männlichen Star ein passendes Präsent - wenn es Ihnen gelungen ist, ein solches zu finden - oder, wie heute meist üblich, ebenfalls ein bunter Strauß.

Zu bedenken ist jedoch in jedem Falle, dass der Strauß - wie freundlich überreicht und riesig auch immer er sein mag -, in neun von zehn Fällen am Tatort bleibt: Mit einem charmanten Lächeln der Zimmerwirtin, zu später Stunde der Bardame oder am nächsten Morgen der Frau des Hausmeisters überreicht - wo auch immer diese Sträuße ihre Atmosphäre verbreiten mögen, nur selten werden sie vom angereisten Gast mit nach Hause genommen.

Aus diesem Grunde auch die eingangs erwähnte Anregung einer individuellen Geschenkidee, die auch wirklich eine Erinnerung an den Anlass bildet und durchaus vom Moderator dem Publikum erklärt werden kann.

Aufgewertet werden wiederum beide, Sie als Veranstalter wegen Ihrer sorgfältigen Vorarbeit und der Redner wegen des menschlichen Zuges eines besonderen Steckenpferdes (aufgrund der Bandbreite möglicher Hobbys weitgereister Vortragender bietet sich von Spezialnadeln zum Aufspießen westafrikanischer Schmetterlinge über handgemischtes Haifischfutter für Kleinstzuchtfische bis hin zu selbstgestohlenen Ikonen aus den Tiefen Sibiriens eine ganze Palette von Liebenswürdigkeiten individuellen Zuschnitts an).

Achtung, Gefahr: Manche Gastgeber sind geradezu Überzeugungstäter, wenn es um das Absingen spontaner Lobeshymnen auf eben gehörte Vorträge geht.

Alle Erfahrung zeigt jedoch, dass die Hochstimmung im Publikum überproportional rasch abnimmt, wenn eine Person auf der Bühne sozusagen stellvertretend für den einzelnen Besucher dies oder jenes, einschließlich Rührung, zum Ausdruck bringen oder gar den Vortrag zusammenfassen will.

Glücklich der Referent, dem der Zufall eine talentierte Moderatorin, einen begabten Moderator zur Seite stellt, die zunächst den Applaus nochmals aufbranden lassen, indem sie eine amüsante Anekdote aus dessen bewegtem Leben einflechten, die sie von Dritten erfuhren (Sekretärinnen - Konspirationstelefonate), eine soeben eingetroffene (aber seit elf Uhr vormittags in der Sakkotasche spazieren getragene) aktuelle Nachricht über den Redner, seine Firma, über seinen Verband oder Ähnliches nachschiebt und geschickt den Anteil, den dieser daran hat, dem Publikum mitteilt.

(Natürlich etwas Positives, nicht etwa die Mitteilung, der Wagen des Referenten sei soeben geklaut worden oder Ihre Firma könne sein Honorar nicht begleichen, weil der Hauptbuchhalter vor einer Stunde auf die Bahamas geflohen sei.)

Schließlich nochmals der Hinweis, wo der Referent jetzt zu sprechen ist, eine kleine Verneigung - aus!

Oh je! Na, besser als nichts. Halt: Ah, da war doch gestern diese Lilo an der Hotelbar, die wird sich freuen..!"

Der gute Nachgeschmack:
Aus den Augen, aus dem Sinn?

für Vortragende

Auch Sie sind noch nicht ganz entlassen. Nach aller Erfahrung gilt es jetzt, sofern Sie die Veranstaltung nicht sofort verlassen können, ohne den Gastgeber zu beleidigen, gewonnenes Terrain nicht durch unbesonnene Aussagen leichtfertig und in brandender, spontaner Euphorie aufs Spiel zu setzen.

Außer in jenen Fällen, in denen Sie ausdrücklich für eine anschließende Diskussion verpflichtet wurden, beschränken Sie sich auf ruhige, zurückhaltende und so oft wie möglich auf Ihren soeben zu Gehör gebrachten Vortrag verweisende Kommentare.

Das Sie nach einem gelungenen Vortrag in aller Regel gleichsam wie ein unsichtbarer Schleier umgebende Prestige sollten Sie sich in keinem Falle von möglicherweise wohlwollenden, aber häufig aufdringlichen Zeitgenossen verwässern lassen.

Auch hier gibt es keine eindeutige Regel. Aber Zurückhaltung und das Eintauchen in eine wohlverdiente Entspannung, möglichst etwas abseits des Hauptgeschehens, nützen Ihnen mehr als das Sammeln der Komplimente aller Anwesenden.

Nach getaner Arbeit ist gut ruh'n!

Tipps rund um die Feinheiten sensibler PR: Langzeitnutzen mit wenig Aufwand

für Einladende

Es ist durchaus nicht unüblich, dass freiberufliche Referenten sofort im Anschluss an die geleistete Arbeit diskret ihre Honorarnote überreichen, worauf der so beglückte Gastgeber im Gegenzug, notfalls am nächsten Morgen vor der Heimreise auf dem Bahnhof, einen entsprechenden Scheck aushändigt.

Voreilige Rückschlüsse auf eine vielleicht schlechte Finanzlage des Referenten sind dabei meist Fehlschlüsse, denn besonders Vortragende der alten Schule haben diese Manier aus früheren Tagen herübergerettet, was keineswegs Verkalkung oder Schrulligkeit bedeutet, sondern einfach noch einen Hauch Theatermentalität. Aber dies ist in unseren Tagen die Ausnahme.

Eine der wesentlichen Aufgaben bei der Nachbetreuung des Referenten ist das persönliche Dankschreiben an den Referenten mit den Presseartikeln über seinen Anlass.

Da die Berichte in der Regionalpresse in aller Regel erst einige Tage später erscheinen, wenn der Referent oder die Referentin längst nicht mehr am Ort weilt, müssen Sie ihnen diese nachsenden. Diese Presseartikel kommen, wie unter dem Stichwort Öffentlichkeitsarbeit erwähnt, allen Beteiligten zugute.

für Vortragende und Einladende

Will man sich auch nach dem Anlass in guter Erinnerung behalten, sollte diese von beiden Seiten jährlich einmal aufgefrischt werden: Von den Referentinnen oder Referenten durch Zusendung ihrer Erfolgsberichte auf anderen Bühnen, vom Veranstalter durch Zusendung von Informationen über besondere und werbewirksame Ereignisse der Firma, des Vereins oder Verbandes.

Denn gefragte Referenten sind in aller Regel auch weitgereiste Leute, die Namen von Institutionen, bei denen sie positive Aufnahme fanden, überall hintragen. Und, wie der Zufall oft will, im Rahmen von für Sie interessanten Kontakten zur Sprache bringen.

Umgekehrt dankt jeder potentielle Veranstalter für einen heißen Tipp hinsichtlich eines interessanten Redners, so dass auch hier gilt: Sind Sie unzufrieden, sagen Sie's mir; sind Sie zufrieden, sagen Sie's andern!

Bilanz

Ob Sie diese kurze Gedankensammlung als Referent oder als Gastgeber lasen - nehmen Sie öffentliche oder halböffentliche Veranstaltungen als das, was sie sind:

Mit Unabwägbarkeiten gespickte, aber von Menschen für Menschen organisierte und deshalb emotional gefärbte Zusammentreffen der unterschiedlichsten Talente, Interessen und Charaktere.

Sorgt der Veranstalter für eine liebevolle Saalästhetik und eine durchgeprobte Ablauforganisation, tritt ein nicht greifbarer, von Anlass zu Anlass wechselnder Faktor hinzu, der sich in der berühmten Formel, dem "Ehrenfels`schen Syndrom" ausdrücken lässt: Das Ganze ist mehr als die Summe seiner Teile.

Bücher über Rhetorik, Musterreden und Seminarangebote füllen ganze Bibliotheken. Die Praxis des Vortragens zeigt jedoch auf, dass das Beherrschen des hier dargelegten Grundgerüstes in Kombination mit gesundem Mutterwitz, guten Umgangsformen, absolut schlafwandlerischer Sicherheit in der behandelten Thematik und ein ganz persönlicher Trick zur Bändigung des Lampenfieberteufels für einen durchschnittlichen bis guten Redner reichen.

Bis demnächst, in welchem Saal der Welt auch immer, betreut von einem der unzähligen Leos und genervt von Todsünden des Vortragens. Aber natürlich nur von den Todsünden anderer ...

Anmerkungen / Fußnoten

[1] Arthur Schopenhauer, Über Schriftstellerei und Stil.

[2] Martin Walser, Über freie und unfreie Rede - Der Schriftsteller Martin Walser über das öffentliche Gewissen und neue deutsche Tabus, in: Spiegel, 45/1994.

[3] Georg Büchmann, Geflügelte Worte – Der klassische Zitatenschatz. Ullstein Verlag

[4] Eine Wortkreation von mir: Memo = die Gäste sollen sich an die Referentin oder den Referenten erinnern. Eine solche Mappe enthält, was SIE an Informationen an die Zuhörer Ihres Referats / Vortrags für wichtig halten.

Über den Autor

Peter Kenkel wurde 1979 in Vechta im Oldenburger Münsterland geboren.

Nach der Mittleren Reife, einer Lehre als Einzelhandelskaufmann und spannenden Jahren in Vertrieb und Verkauf wechselte er in die Industrie als Verkaufsleiter im Bereich Möbel mit Schwerpunkt Büromöbel – und entdeckte dort sein Gespür für den engen Zusammenhang zwischen seelischem Wohlbefinden am Arbeitsplatz und einer entsprechend ästhetischen, stimulierenden Umgebung.

Durch den Kauf eines bestehenden Handwerksbetriebes (Peter Kenkel GmbH) eröffnete sich für ihn 2007 die Möglichkeit, diese Erfahrungen in eigene Möbelkreationen einfließen zu lassen und durch die positive Mitgestaltung von Arbeitsräumen Menschen in der Arbeitswelt mehr Lebensqualität zu vermitteln.

Selbstredend waren zur Aufrechterhaltung eines höchstmöglichen Know how in allen unternehmensrelevanten Bereichen berufliche Weiterbildungen Bestandteil seines Arbeitsalltags. Seit 2001 ist er auch als Geschäftsführer eines mittelständischen Unternehmens der Stahlbaubranche im Raum Vechta tätig.

2012 gründete er die Unternehmen «Peter Kenkel & Partner Unternehmensberatung» und den Verlag «Peter Kenkel Medien», um sein im unternehmerischen Alltag erworbenes Knowhow durch Seminare, Vorträge und Publikationen weiterzugeben.

Sein reges Engagement in zahlreichen unternehmerischen und sozialen Netzwerken führt immer wieder zur Herausforderung, vor Gruppen zu sprechen. Daraus resultiert sein Erfahrungsschatz aus der Praxis für die Praxis des Vortragswesens, den er und sein Team im Rahmen von Seminaren und Publikationen weitergeben.

Andere Publikationen von
Peter Kenkel Medien

Fair beraten, gekonnt verkaufen - 21 Stichworte zum Kundenkontakt

Das Verkaufsgespräch ist das Nadelöhr, durch das Umsatz und damit Gewinn eines jeden Unternehmens geschleust werden. Top¬trainierte Verkaufsteams wissen um die Bedeutung dieser kleinsten, aber wichtigsten Einheit für das Überleben ihrer Firma und messen der permanenten Schulung optimaler Gesprächsführung die entsprechend hohe Bedeutung zu.

Dieser Ratgeber analysiert — aus der Praxis für die Praxis — die wichtigsten wesentlichen Bausteine fairer und gekonnt geführter Verkaufsgespräche. Die im Anhang eingefügten Arbeitsbögen ermöglichen eine zielorientierte, unternehmensinterne Schulung mit den eigenen Produkten und Dienstleistungen.

ISBN 978-3-944419-03-9

Menschen Messen Märkte

Im häufig unterschätzten Marketinginstrument Messe schlummern ungeahnte Reserven und Potentiale. Sie zu wecken ist keine Frage des Geldes, sondern präziser, professioneller Planung des jeweiligen Messeauftritts sowie einer optimalen Vorbereitung des Teams der Messestandsbesatzung.

Dieser Ratgeber analysiert - aus der Praxis für die Praxis - die wichtigsten wesentlichen Bausteine einer erfolgreichen Messeteilnahme vor, während und nach einem solchen Event. Die im Anhang eingefügten Arbeitsbögen ermöglichen eine zielorientierte, unternehmensinterne Schulung und eine professionelle step-by-step-Planung.

Der Ratgeber wendet sich an all jene, die Messeteilnahmen planen, organisieren oder an einer Messe als Aussteller/in teilnehmen. Aus der Praxis für die Praxis, behandelt das Werk alle wesentlichen Fragen zum Messestand und zur Beratungs- und Gesprächspsychologie an Messeständen. Im Anhang finden sich Checklisten für die firmeninterne Messevorbereitung.

ISBN 978-3-944419-00-8